Daniela Wagner
Temporale Beziehungen

CHRONOI
Zeit, Zeitempfinden, Zeitordnungen
Time, Time Awareness, Time
Management

———

Herausgegeben von
Eva Cancik-Kirschbaum, Christoph Markschies und
Hermann Parzinger

Im Auftrag des Einstein Center Chronoi

Band 27

Daniela Wagner

Temporale Beziehungen

Facetten des Zeitlichen in der Kunst
zwischen Spätantike und Mittelalter

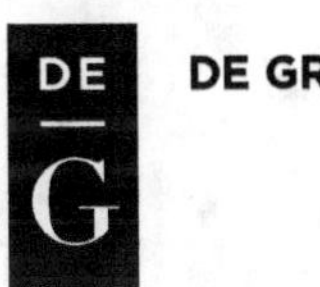

DE GRUYTER

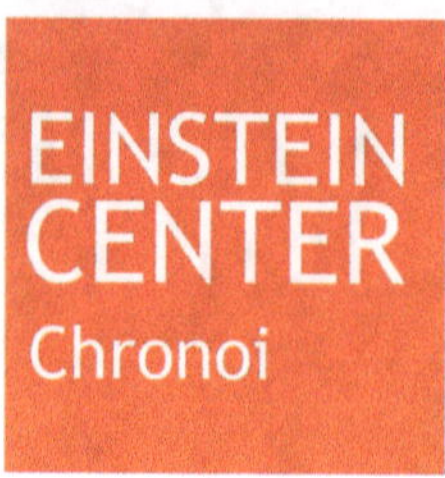

ISSN 2701-1453
ISBN 978-3-11-223565-2
ISBN 978-3-11-223566-9 (PDF)
ISBN 978-3-11-223567-6 (EPUB)
DOI https://doi.org/10.1515/9783112235669

Library of Congress Control Number: 2026933877

Bibliografische Information der Deutschen Nationalbibliothek
Die Deutsche Nationalbibliothek verzeichnet diese Publikation in der Deutschen Nationalbibliografie; detaillierte bibliografische Daten sind im Internet über http://dnb.dnb.de abrufbar.

De Gruyter und Walter de Gruyter GmbH sind Teil von De Gruyter Brill.
www.degruyterbrill.com

Fragen zur allgemeinen Produktsicherheit:
productsafety@degruyterbrill.com

Dank

Wenngleich eher gering im Umfang, hätte dieses Buch nicht entstehen können ohne die Unterstützung verschiedener Institutionen und Personen. Es ist einem Fellowship des Einstein Center Chronoi zu verdanken, dass ich aus einer Idee und vielen Fragen ein Forschungsvorhaben zu Zeit in Spätantike und frühem Mittelalter entwickeln konnte. Das Wintersemester 2022/23, das ich als Fellow in Berlin Dahlem verbringen durfte, ermöglichte es mir nicht nur, mich auf das Thema zu fokussieren, sondern auch mit Forscher:innen unterschiedlichster Disziplinen in Austausch zu treten. Für diese Möglichkeit sowie für die Aufnahme des Buches in die Chronoi-Reihe bin ich den Mitgliedern des Chronoi Executive Board Eva Cancik-Kirschbaum, Christoph Markschies und Hermann Parzinger höchst dankbar. Für die vielseitige Unterstützung während der Zeit im Chronoi-Haus danke ich dem Chronoi-Team: Maggie Crisp, Joseph Elharar, Beyza Güner, Cinzia Pappi, Stefanie Rabe, Felix Wiedmann und Franziska Küster, die den Weg des Manuskripts in den Druck gemeinsam mit Kristina Cassar aufmerksam und gewissenhaft betreut hat.

Ein besonderer Dank gebührt Elizabeth Harding. Indem sie mir unkompliziert und immer unterstützend ermöglichte, Auszeiten von der Projektarbeit an der Herzog August Bibliothek zu nehmen, konnte ich die Arbeit am Buch in knapper Zeit deutlich voranbringen.

Mein Dank gilt zudem Philipp Heil von der Dombibliothek Hildesheim, der es mir ermöglichte, die Seiten der etwa 1000 Jahre alten Handschrift selbst zu blättern und so an der performativen Hervorbringung von Zeitbeziehungen teilzuhaben.

Danken möchte ich auch den Teilnehmer:innen des Seminars „Zeit und Zeitlichkeit in der Kunst des Mittelalters", das ich im Wintersemester an der Freien Universität Berlin unterrichten konnte. Friederike Berger, Lisa Dohmstreich, Judith Hildebrandt, Marit Huchatz, Lia Kentischer, Noemy Macari, Aurora Pfeiffer-Novelli, Agnes Rauch, Friedrich Teller und Patrizia Unger haben mit großem Interesse und steter Freude an der Diskussion dazu beigetragen, dass das Projekt in einer arbeitsreichen Phase nicht aus dem Blick geriet und beständig an Form gewann.

Sehr herzlich danke ich auch Karin Gludovatz für ihre vielseitige Unterstützung und die Begleitung des Zeit-Projekts. Wie sie haben Anna Pawlak und Saskia Quené den Projektentwurf, Fridericke Conrad, Daria Dittmeyer-Hössl und Anja Rathmann-Lutz den nun fertigen Text kritisch gelesen. Ihnen allen bin ich für Perspektiven, Ideen, Kritik und Unterstützung zu größtem Dank verpflichtet. Für Anregungen und Hilfe unterschiedlichster Art danke ich zudem Clara Kahn, Leni Karrer, Joseph Kretzschmar, Leonid Malec, Johanna Ringe, Norman Sieroka, Steffen Zierholz und ganz besonders Stefanie Rabe; sie alle haben dazu beigetragen, dass das Projekt zu dem nun vorliegenden Buch werden konnte.

Inhaltsverzeichnis

1 Zeit sehen?

Das zu beschreiben, was wir gemeinhin unter ‚Zeit' fassen, kann bereits eine Herausforderung sein, wenn dafür Worte benutzt werden. Noch größer scheint die Schwierigkeit, in Bildern zu veranschaulichen, was es mit ‚der Zeit' auf sich hat. Trotz der oftmals unüberwindbar scheinenden Hürden beschäftigen Menschen sich seit Jahrtausenden damit, wie in Worten, in Bildern oder mithilfe einer Kombination aus beidem erklärt und vermittelt werden kann, was Zeit ist. Zu den bekanntesten christlichen Gelehrten, die sich mit dem Abstraktum Zeit befasst und ihre Gedanken dazu in Aufzeichnungen hinterlassen haben, zählt Augustinus. Wie anderen vor ihm war auch dem Kirchenvater bewusst, dass alles von Zeit durchdrungen ist, doch das Verhältnis von Welt und Zeit zu beschreiben, stellte ihn vor gewisse Probleme. In seinen *Confessiones* klagte Augustinus, dass er sehr wohl wisse, was Zeit sei, sofern ihn niemand danach frage und er sie erklären müsse.[1] Der Aufgabe näherte er sich schließlich über die Trias aus Vergangenheit, Gegenwart und Zukunft an.[2] Den großen Singular ‚Zeit' teilte Augustinus in die für seine Fragen zentralen Aspekte. Über die Eigenschaften der drei Kategorien und ihre Beziehungen zueinander versuchte er, ‚die Zeit' zu verstehen. Auch in den Bildkünsten zeigt sich immer wieder, dass nicht nur Augustinus so vorging, wenn es um die Erklärung oder Vermittlung dessen geht, was gemeinhin unter Zeit subsumiert wird. Gewidmet hat man sich nicht ‚der Zeit', sondern ihren Aspekten oder Eigenschaften. Dies zeigt etwa ein Blatt aus einem Sakramentar, das sich in der Berliner Staatsbibliothek befindet.[3] Das Blatt entstand im dritten Viertel des 10. Jahrhunderts, vermutlich in Fulda, und stellt in einer diagrammatischen Ansicht das Jahr und seine Teile dar (Abb. 1).[4] An ihm lässt sich veranschaulichen, wie Aspekte des-

---

1 Augustinus: Confessiones, XI,14.

2 Augustinus: Confessiones, XI,14.

3 Fragment eines Sakramentars, Fulda, 3. Viertel des 10. Jh., Deckfarben und Gold auf Pergament, 28 x 20,5–21 cm (Seite). Berlin, Staatsbibliothek, Ms. theol. lat. fol. 192, Fragm. Digitalisat: http://resolver.staatsbibliothek-berlin.de/SBB00004DBC00000000 (letzter Zugriff 22.07.2025). Zu dem Berliner Fragment, das aus diesem und einem weiteren, Gelasius und Gregor zeigenden Blatt besteht, Fingernagel 1991, Bd. 1, S. 68–69; Winterer 2009, S. 119–125, 445–453.

4 Die in einem Sakramentar zusammengestellten Texte wurden nach dem Lauf des Kirchenjahres geordnet, und so ist es nicht verwunderlich, dass ein Sakramentar ein Jahresbild besaß. Ein anderes bekanntes Jahresbild findet sich im sogenannten Göttinger Sakramentar, dessen Entstehung ebenfalls in Fulda verortet wird. Das dortige Jahresbild ist gänzlich anders strukturiert als jenes in Berlin; dort ist die in der Mitte positionierte Personifikation des Jahres von einem konzentrischen Kreisschema umgeben. Im Göttinger Sakramentar befindet sich das Jahresbild auf fol. 250v und leitet das Kalendar ein, siehe Winterer 2009, S. 422–464 und Taf. 47.

sen, was wir unter Zeit fassen, sichtbar gemacht werden, weshalb seine Betrachtung ein wenig mehr Raum bekommen soll, als für ein einführendes Beispiel vielleicht üblich.

Im Zentrum des Blattes ist Annus thronend in einem Medaillon platziert. In der rechten Hand hält die Personifikation des Jahres einen Kranz, in der linken ein goldenes Band, das aus dem Medaillon hinausläuft und auf das noch zurückzukommen sein wird. Um die bärtige, von dem Schriftzug ANNUS begleitete Figur sind weitere Personifikationen positioniert, die wie sie inschriftlich benannt sind: Oben halten Frühling (VER) und Sommer (AESTAS) ein Medaillon, in dem die Personifikation des Tages (DIES) zu sehen ist; unten auf der Seite haben Herbst (AUTUMNUS) und Winter (HIEMPS) die personifizierte Nacht (NOX) in ihre Mitte genommen.[5] Zudem erfahren wir dank weiterer goldener Inschriften etwas über die Qualität der einzelnen Zeitabschnitte: Das Frühjahr ist FLORIDUS, blühend, der Sommer FRUGIFER, fruchttragend, der Herbst FERTILIS, ergiebig, der Winter HORRIBILIS, schrecklich. Autumnus und Hiemps sind zudem – anders als Ver und Aestas – mit Bärten dargestellt. Das Alter des Menschen wird hier zur Metapher für das voranschreitende, älter werdende und sich dem Ende zuneigende Jahr.

Flankiert wird dieser mittlere Bereich von Bildstreifen mit jeweils sechs Monatsbildern. Unter ihnen ist nur der Januar als doppelköpfige Personifikation dargestellt. Angespielt wird natürlich auf Janus, römischer Gott des Anfangs und des Endes sowie des ersten Monats des Jahres. Die übrigen Figuren führen monatstypische Arbeiten aus oder tragen für diese Arbeiten charakteristische Attribute. Die mit Ianuarius oben links begonnene Reihe endet unten rechts mit der Schweineschlachtung im Dezember. Auch die Monate sind inschriftlich bezeichnet, wobei die Namen jeweils links beziehungsweise rechts neben den Bildfeldern stehen. Da dieser Text der Betrachtungsrichtung der Bildreihe folgend von oben nach unten ausgerichtet ist, ergeben sich zwei schmale Schriftleisten, die das Bildsystem seitlich abschließend rahmen.

---

5 Der Tag ist mit einem goldenen, nach oben hin ausstrahlenden und so an einen Kometen erinnernden Stern gekrönt und wird von der einzigen nicht in Gold gehaltenen Inschrift begleitet. Über dem Stern ist Orion (OPIWN) zu lesen, neben dem Medaillon und damit direkt unter VER und AESTAS steht GLORIA DIEI. Zum Gräzismus der Inschrift Winterer 2009, S. 452; ebd., S. 447–452, der Versuch, in dem Schweifstern den Frühlingspunkt zu erkennen. Möglicherweise ist die Darstellung aber auch so zu deuten, dass kurz vor der Herstellung der Handschrift ein sehr lichtstarker Komet bei Tag beobachtet werden konnte und so seinen Eingang in die Darstellung fand. Dass Kometensichtungen schon im Mittelalter Eingang in die Bildkünste fanden, ist bekannt. Zu den berühmtesten Darstellungen gehört wohl jene des im Jahr 1066 erschienenen Halleyschen Kometen auf dem Teppich von Bayeux. Die Nacht wird von zwei dunklen Sternen flankiert, über ihr ist ein goldener Stern zu sehen und die Augen sind ihr verbunden.

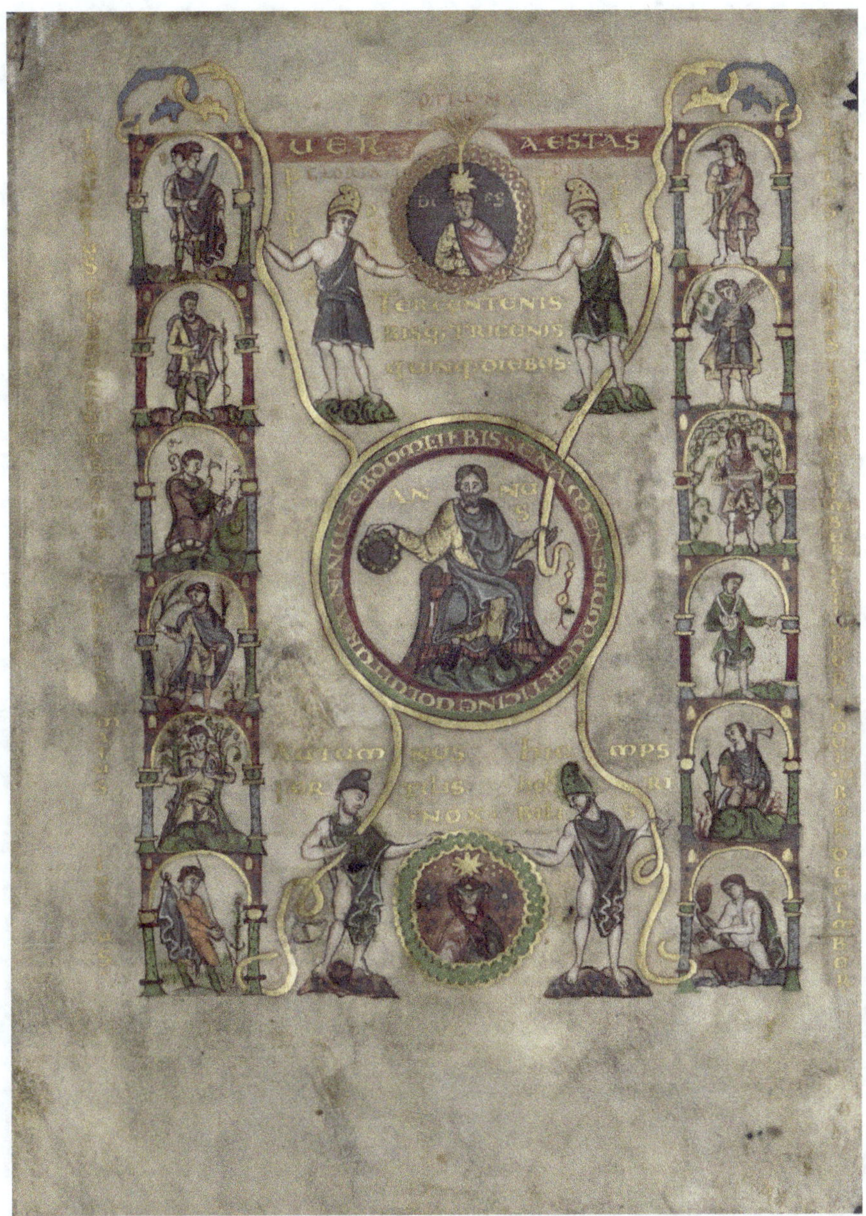

Abb. 1: Jahresbild aus einem Sakramentar, 3. Viertel des 10. Jh. (Fulda), Deckfarben und Gold auf Pergament, ca. 28 x 20,5 cm. Berlin, Staatsbibliothek, Ms. theol. lat. fol. 192, Fragm. Bild: Staatsbibliothek Berlin, Public Domain Mark 1.0, http://resolver.staatsbibliothek-berlin.de/ SBB00004DBC00000007 (letzter Zugriff 24.03.2026).

Die einzelnen Einheiten der Seite sind klar voneinander getrennt und dadurch leicht als zusammengehörig erkennbar: Die Jahreszeiten sind mit ihren phrygischen Mützen und den nur durch Chlamys oder Tunika verhüllten nackten Körpern als Gruppe definiert, die Monate sind in eine vereinheitlichende architektonische Rahmung gefügt, Tag und Nacht werden in einem Clipeus mit geflochtenem Rand gezeigt. Jede Zeiteinheit wurde mit einer eigenen Formensprache versehen, die sich deutlich von den anderen unterscheidet und es den Betrachter:innen erleichtert, in diesem figuren- und beziehungsreichen Arrangement die Übersicht zu behalten.

Über die Struktur des Jahres informieren ergänzend kurze, sinnstiftend platzierte Texte: Zwischen Dies und Annus ist die Zahl 365 in goldenen Wörtern ausgeschrieben (*TERCENTENIS BISQ; TRICENIS QUINQ; DIEBUS*). Die Annus im Kreis umlaufende Inschrift erläutert, dass das Jahr über 52 Wochen und zwölf Monate verläuft und verweist damit auf Zyklizität und Wiederholung (*BISSENA MENSUUM VERTICINE VOLVITUR ANNUS EBDOM L·II·*, übersetzt etwa: Das Jahr von zwölf Monaten vergeht [läuft ab] durch die Drehung von 52 Wochen).[6] Wortwahl und diagrammatische Disposition beziehungsweise Form greifen eng ineinander. So meint *BISSENA* zwölf, bedeutet wörtlich jedoch ‚zweimal sechs‘, was sich in der Disposition der Monatsstreifen spiegelt, während *VERTICINE* und *VOLVITUR* Teil einer im Kreis volvierenden Inschrift sind. Weitere Verbindungen ergeben sich über die goldenen Bänder. Drei sind mit dem Annus umgebenden Medaillon verbunden, eines läuft wie bereits erwähnt von der Hand der Jahrespersonifikation aus der Kreisform hinaus. Die Bänder führen von der Mitte in Richtung der vier Ecken des Bildes, wo sie sich mit den oberen respektive unteren Enden der Monatsbildstreifen verschlingen. Ein jedes Band wird auf seinem Weg von einer der Jahreszeitenpersonifikationen gegriffen und ein Zug vermag, möchte man die Personifikationen als aktiv handelnd sehen, den Kreislauf in Bewegung zu halten, das Rad weiterzudrehen.[7]

Das Jahresbild zeigt konkrete temporale Ordnungen, indem es über die Disposition der Elemente jene Verhältnisse und Zusammenhänge aufzeigt, die diese Ordnungen bestimmen. Die auf den ersten Blick vielleicht etwas sonderbar erscheinenden Bänder wirken dabei unterstützend, indem sie Beziehungen materialiter in das Bild einzeichnen. Sie verbinden das Innere mit dem Äußeren, das

---

6 Die Idee des sich drehenden Jahres gründet sich im Durchlauf durch den Tierkreis. In der römischen Antike finden sich ebenfalls hierauf Bezug nehmende Darstellungen, in denen der Gott Aion den Tierkreis dreht oder hält, während die personifizierten Jahreszeiten ihn durchschreiten. Zu Aion in den Bildkünsten Parrish 1984, S. 46–50, Tafel 59b und 61a; Parrish 1995.

7 Für den Hinweis auf die Bänder als Antrieb des Rades danke ich Anja Rathmann-Lutz.

Größere mit dem Kleineren, setzen Jahr, Jahreszeiten und Monate in Beziehung.[8] Unserem Blick bieten sie Wege durch das Bild an, so dass wir den Beziehungen zwischen dem Jahr, den Jahreszeiten und den Monaten auf der goldenen Spur mit unseren Augen folgen können. Mithilfe von Bildern, Inschriften und einer diagrammatischen Anschaulichkeit der Beziehungen gibt das Jahresbild Auskunft über Strukturen und Ordnungen, wie sie sich innerhalb eines bestimmten, sich zyklisch wiederholenden Zeitraums offenbaren.

Was trotz aller Figuren, Beziehungslinien und Inschriften unsichtbar bleibt, keine Personifizierung erfährt, keine Inschrift erhält, aber doch beim Betrachten und Lesen der Seite wahrnehmbar wird, ist die Zeit selbst. Genauer gesagt sind es spezifische Aspekte dessen, was gemeinhin unter Zeit gefasst wird: Tages-, Wochen-, Monats- und Jahreszeitenzyklen, die zugleich Zeiteinheiten sind, in die sich das Jahr teilen lässt. Interessanterweise sind nicht die Tage einer Woche oder die Wochen eines Monats oder die Monate einer Jahreszeit angegeben, alles ist auf das Jahr ausgerichtet: Das Jahr hat vier Jahreszeiten, zwölf Monate, 52 Wochen und 365 Tage. Zeit wird als Ordnungsfaktor evident, aber ebenso zeigt sich, dass Zeit zählbar ist und sich wiederholt. Dass einzelne Zeitabschnitte bestimmte Qualitäten besitzen, der Sommer fruchttragend und der Winter schrecklich ist, wird ebenfalls thematisiert.

Das Jahresbild bricht den großen, schwer beschreibbaren Singular Zeit in einzelne Teile und erfasst ihn hinsichtlich spezifischer Aspekte, Relationen und Eigenschaften. Da es um den Ablauf des Jahres geht, das Bild also eine lebensweltliche Dimension besitzt, rückt noch etwas anderes in den Vordergrund: Zeit ist unsichtbar, nicht greifbar, nicht hörbar und kann doch über die Sinne wahrgenommen werden. Anhand des Laufs der Sonne sehen wir, dass Zeit verstreicht, wir hören ein Musikstück von einer bestimmten Dauer, fühlen die zunehmende Wärme im Frühling, schmecken den Bissen noch nach dem Schlucken länger im Mund, riechen das Parfum einer Person weiterhin, selbst wenn sie nicht mehr in der unmittelbaren Nähe ist. Es ist Veränderung (oder ihr Ausbleiben), also ein Unterschied zwischen vorher und nachher, den wir sehen, hören, riechen, spüren, schmecken können. Die Wahrnehmung von zeitlichen Ordnungen kann auch mehrere Ereignisse einbeziehen: Wir sehen die gleichzeitigen und übereinstimmenden (oder eben nicht übereinstimmenden) Bewegungsabläufe eines Synchronspringerpaares, wir sehen den kurzen Blitz und zählen, bis wir den Donner hören.

---

8 Winterer 2009, S. 445, sieht in der ungewöhnlichen Anlage der Monatsbilder als Streifen keine Beziehung zum Zentrum, übersieht also die Bedeutung der Bänder, die gewissermaßen ausgleichen, was in anderen Bildern über die aus mehreren Registerringen bestehende Rota verbildlicht wird.

Die sinnliche Wahrnehmbarkeit von Zeit ist keine Erkenntnis der modernen Zeitforschung.[9] Bereits die Überlegungen von Aristoteles und Augustinus weisen in diese Richtung. Aristoteles beschäftigt sich im IV. Buch seiner Physik mit der Bestimmung der Zeit und der Frage nach ihrem Wesen. Dabei spricht er unter anderem von Zeit als Bewegung und Wandel, die an dem Sich-Verändernden ablesbar ist.[10] Augustinus wiederum legt im bereits eingangs erwähnten XI. Buch seiner *Confessiones* dar, wie die Zeit in ihrem Vorübergehen wahrgenommen werden kann (XI,16) und thematisiert die Bedeutung der Gestirne als Zeichen der Zeit (XI,23). Sogar die „immer beständige Ewigkeit" erhält bei Augustinus einen visuellen Aspekt, wenn er sie als glänzend beschreibt (XI,11).[11]

Dass Zeit, obwohl unsichtbar und körperlos, überhaupt sinnlich wahrgenommen werden kann, liegt an ihrem Verhältnis zum Ereignis, zumindest wenn man dem Philosophen und Physiker Norman Sieroka folgt. In dem Buch *Zeit-Hören* beschäftigt er sich mit der Verbindung von sinnlicher Wahrnehmung und Zeitwahrnehmung. Zeit ist nach seiner Definition „ein unselbstständiger Teil von Ereignissen und mithin von Erfahrungen".[12] Unselbstständig ist die Zeit, da „es sich um einen Teil handelt, der nicht für sich allein existieren kann, ohne den aber auch das Ganze nicht existieren kann."[13] Ohne Ereignis gibt es also keine Zeit und ohne Zeit kein Ereignis. Und auch die Kunst ist ohne Zeit nicht denkbar, worauf in der kunsthistorischen Forschung bereits seit langem und unter immer wieder anderen Gesichtspunkten hingewiesen wurde.[14] Zugleich ist, wie George Kubler schreibt, „die Anzahl der Möglichkeiten, die für die Dinge besteht, Zeit einzunehmen, wahrscheinlich nicht stärker begrenzt als die Anzahl der Möglichkeiten, die

---

9 Siehe hierzu die Ansätze des DFG-Schwerpunktprogramms *Ästhetische Eigenzeiten*, fassbar etwa in Gamper / Hühn 2020.

10 Aristoteles: Physik IV,10.

11 „[...] splendorem semper stantis aeternitatis", Augustinus: Bekenntnisse / Confessiones XI,11.

12 Sieroka 2024, S. 4.

13 Sieroka 2024, S. 4, der sich hinsichtlich des Begriffs des unselbstständigen Teils auf Husserl bezieht.

14 Während gestaltpsychologisch orientierte Untersuchungen in den 1980er und 90er Jahren dominierten, wurde danach stärker auf das Werk in seinem zeitlichen Kontext und seinen Beitrag zur Konzeptualisierung von Zeit geblickt. Hinzu kommen jene Arbeiten, die sich mit Geschichtsdarstellungen und Endzeit beschäftigen und so zumindest implizit Kunst als Zeit qualitativ reflektierend und beschreibend thematisieren. Schlussendlich ist Kunstgeschichte selbst eine in der Zeit und mit ihr arbeitende Disziplin. Die Literatur zu Zeitaspekten in der Kunst ist Legion, so dass hier nur eine Auswahl an Titeln genannt sei: Kubler 1982 [1962]; Boehm 1987; Theissing 1987; Pochat 1996; Cohen 2014; Grave 2014; Wagner 2015; Grave 2016; Rimmele 2018; Schmitt 2016; Shalem 2018; Thunø 2021; Wagner 2021; Worm 2021; Grave 2022; Griffin 2022.

für die Materie besteht, Raum einzunehmen."[15] Wahrnehmbar wird Zeit für uns, wenn wir Ereignisse (wozu Veränderungen zählen) sinnlich erfahren und diese dann mit anderen Ereignissen in Beziehung setzen. „Zeitbestimmen", nennt Norbert Elias dieses Vorgehen, bei dem es darum geht festzulegen, „ob eine – wiederkehrende oder nicht wiederkehrende – Veränderung vor, nach oder gleichzeitig mit einer anderen Veränderung stattfindet."[16] Zeit ist damit immer ein Dazwischen,[17] beschreiben wir mit ihr doch, wie sich mindestens zwei Ereignispunkte zueinander verhalten. Bereits Kubler wies darauf hin, wenngleich noch mit Blick auf die Arbeit eines Historikers: „Ereignisse und die Intervalle dazwischen sind die Strukturelemente zur systematischen Erfassung der historischen Zeit."[18] Früher, später und gleichzeitig sind die grundlegenden Koordinaten, aus denen weitere zeitbezogene Ordnungen abgeleitet werden können.[19] Eine solche Ableitung erfordert jedoch ein gewisses Abstraktionsvermögen. Elias spricht diesbezüglich von „einem spezifischen Potential zur Synthese, das durch Erfahrung aktiviert und strukturiert wird."[20] Um die Art der Ordnung oder unser Erkenntnisinteresse an den hergestellten Beziehungen klarer zu benennen, verwenden wir verschiedene Begriffe: Dauer, Gleichzeitigkeit, Sukzessivität und so weiter.

Die sinnliche Wahrnehmbarkeit dessen, was gemeinhin unter ‚Zeit' subsumiert wird, ist die Voraussetzung dafür, dass Zeit nicht nur unmittelbar erfahren, sondern auch vermittelt über die Künste wahrgenommen werden kann. Dass es sich dabei aber gerade nicht um ein tatsächliches Sichtbarmachen der Zeit selbst handelt und ‚die Zeit' in den Bildkünsten – und damit dem Medium der Sichtbarmachung per se – unsichtbar bleibt, also keine Form, keinen Körper erhält (selbst als Personifikation ist sie stark unterrepräsentiert),[21] hat sich bereits bei der Betrachtung des Jahresbildes gezeigt. Zu klären ist, wie das Zeitliche, ohne selbst sichtbar zu sein, künstlerisch erfasst und visuell vermittelt werden kann. Eine der im Buch verfolgten Thesen ist, dass dem In-Beziehung-Setzen dabei eine zentrale Bedeutung zukommt.

---

15 Kubler 1982 [1962], S. 156.
16 Elias 2021 [1984], S. 14.
17 Sieroka 2024, S. 4.
18 Kubler 1982 [1962], S. 46.
19 Sieroka 2024, S. 4.
20 Elias 2021 [1984], S. 1.
21 So gibt es zwar, wie bereits im Jahresbild gesehen, zahlreiche Personifikationen von Zeitabschnitten, ‚die Zeit' selbst bleibt aber weitgehend unpersonifiziert. Siehe Panofsky 1939, Kap. Father Time, S. 69–94; aufschlussreich ist diesbezüglich der Blick auf die verschiedenen bei Cohen 2014 diskutierten Darstellungen.

Auf der narrativen Ebene fungiert Zeit als operativer Grundstock szenischer Darstellungen, wie sie etwa als Andeutung einer Chronologie der Ereignisse oder im Raum stattfindender Bewegung erkennbar ist. Um diese oft ‚Bildzeit' genannten innerbildlichen Zeithorizonte, die erzählte Zeit, wenn man so will, wird es im Folgenden jedoch nicht gehen.[22] Mein Erkenntnisinteresse gilt der bildlichen Reflexion von spezifischen temporalen Ordnungen wie Synchronizität, Dauer, Wiederholung oder Gleichzeitigkeit. Diese Facetten des Zeitlichen zeigen sich im Formalen, also auf der ästhetischen Oberfläche eines Bildes, werden über das Anlegen von figuralen und kompositionellen Analogien, Kontrasten oder Komplementen sichtbar. Sie können sich, wie zu sehen sein wird, mit dem Narrativen verschränken, sind aber nicht darauf angewiesen. Werden sie im Bild sichtbar gemacht, transportieren diese Ordnungen oftmals eine eigene Bedeutung, sie können aber auch bereits vorhandene Zeitbestimmungen ergänzen oder präzisieren.

Zur Folge hat diese Art des In-Beziehung-Setzens, dass sich immer auch eine Ordnung ergibt, wenngleich oftmals auf einem niedrigschwelligen Niveau: Ein Element steht in Verbindung mit einem anderen, mit einem dritten jedoch nicht. Bereits im diagrammatisch angelegten Jahresbild wurde das selektive Herstellen von Beziehungen mit dem Ziel, eine spezifische Information zu vermitteln, anschaulich. Für eine Untersuchung des In-Beziehung-Setzens ist die Diagrammatik ein nicht unwichtiger Bezugspunkt, denn an diagrammatischen Bildern lassen sich – wie eingangs gesehen – die strukturbildenden und bilderzeugenden Operationen nachvollziehen, mit denen Sachverhalte oder Argumente visualisiert werden. Im Folgenden soll die Frage nach der visuellen Vermittlung und Erfahrbarmachung des Zeitlichen jedoch nicht an schematisch organisierte Schaubilder herangetragen werden, die wie das Jahresbild das Zeitliche selbst in den Mittelpunkt stellen. Der Blick wird sich stattdessen auf Werke richten, in denen Zeit im Zuge anderer Motive und Themen reflektiert wird.

Ob und wie das Zeitliche in einem Bild wahrnehmbar gemacht wird oder welcher Aspekt hervorgehoben wird, ist von Fall zu Fall, von Werk zu Werk verschieden. Hinsichtlich des Bezugsrahmens, in dem sie operieren, lassen sich strategische und situative Zeitbeziehungen unterscheiden. Strategische Zeitbeziehungen sind narrative Setzungen zeitlicher Verhältnisse, wie sie sich etwa Typologie, Liturgie und andere verzeitlichende Praktiken zu eigen machen, die von einem

---

22 Wenngleich in Studien, die sich diesen Bereichen widmen, die Verhältnisse der Bildelemente zueinander und damit Themen in den Blick genommen werden, die in der vorliegenden Untersuchung ebenfalls relevant sind, siehe etwa Boehm 1987; Theissing 1987; Pochat 1996; zuletzt Grave 2022.

Verständnis von Zeit als (Heils-)Geschichte ausgehen.[23] Sie besitzen eine gewisse Allgemeingültigkeit und Übertragbarkeit. In ihnen wird das Spätere im Früheren verankert und das Frühere als Voraussetzung für das Spätere erkennbar. Dies betrifft sowohl den Blick in die Vergangenheit als auch in die jenseitige Zukunft, die sich für die Gläubigen durch das Handeln in der Gegenwart bestimmt. Geschichte erscheint über strategische Setzungen als ein Plan Gottes, der sich innerhalb des von selbigem gesetzten Zeit- und Heilsrahmens erfüllt. Das Christentum, so ließe es sich aus systemtheoretischer Perspektive fassen, hat sich auf Zeit eingestellt und diese mithilfe strategischer Setzungen „in eine für das System operativ faßbare Form gebracht".[24] Diese strategischen Zeitbeziehungen sind nicht originär über die Sinne wahrnehmbar, sondern müssen erst in Rück- und Vorausschau als ein chronologisches oder narratives In-Beziehung-Setzen mündlich, schriftlich oder bildlich vermittelt werden. Situative Beziehungen hingegen werden spezifisch für ein Werk entworfen und haben nur in den dort vorhandenen Zusammenhängen bestand. Sie machen anschaulich, was sinnlich erfasst werden kann – beispielsweise Quantitäten und Qualitäten, Intervalle oder Frequenzen –, und damit das, was ich hier unter Facetten des Zeitlichen fasse. Situative Zeitbeziehungen sind geprägt von den Umständen, in denen sie entworfen werden, während strategische Beziehungen – will man eine Dichotomie eröffnen – die Umstände entwerfen. Aufgrund ihrer unterschiedlichen Bezugsrahmen stehen strategische und situative Beziehungen nicht in Konkurrenz zueinander und schließen einander nicht aus. Sie können gemeinsam vorkommen, wenn situative Beziehungen narrativen Ordnungen oder typologischen Darstellungen aufliegen oder an sie angebunden sind, wie sich an der Staurothek von Pliska (Kapitel 2) oder dem Rogadeo-Ambo (Kapitel 3) zeigen wird. Anhand dieser und anderer Werke wird auch deutlich werden, in welchem Verhältnis das situative und das strategische Zeitbestimmen zueinander stehen und wie situative Beziehungen

---

23 Bereits Mohnhaupt 2000, S. 23, sieht die Typologie als „narratives Prinzip" und implizit schwingt bei der Begründung dafür auch das Zeitliche mit: „Ein narratives Typologiekonzept kann vor allem darauf verweisen, daß insbesondere die biblische Typologie kaum in der Geschichte selbst stattfindet, sondern sich innerhalb eines Buches konstituiert, das diese Geschichte als *die* Geschichte erzählt." (ebd., Hervorhebung im Original). Mir scheint hier allerdings eine Volte zu viel gemacht, denn im christlichen Denken *ist* die in der Bibel enthaltene Geschichte die Welt- und Heilsgeschichte.

24 Luhmann 1999 [1984], S. 71. Mit System ist hier im Sinne Luhmanns kein von der sozialen Gemeinschaft abgekoppeltes Steuerungselement gemeint, sondern das Christentum selbst, das ein soziales System aus verschiedenen menschlichen wie nicht-menschlichen Akteur:innen ist, die alle an der Formung und Ausbildung des Systems beteiligt sind. Ordnungen wie jene der Zeitorganisation in christlichen Kontexten bilden sich aus regulierten Praktiken, stillschweigendem Konsens und über Absprachen, die auf die Bildung von Normen abzielen.

strategische stützen und präzisieren können. Wesentlich ist, dass Zeit auch über strategische und situative Beziehungen nicht als das große, allumgreifende und in seiner Vielfalt und Komplexität kaum zu fassende Phänomen erfasst, vermittelt und reflektiert wird. In diese Richtung weist schon Kai van Eikels, wenn er schreibt, dass Materie, sofern nicht metaphysisch perspektiviert, „kein *singulare tantum* ‚die Zeit‘, sondern stets nur jeweilige Relationen, denen situative Zeitbestimmungen Rechnung tragen", erschließt.[25]

Mit den über situative Beziehungen wahrnehmbar gemachten Facetten des Zeitlichen ist eine Verbindung zur lebensweltlichen Zeiterfahrung gegeben: Auch im Alltag nehmen wir ‚Zeit‘ wahr, jedoch auch nur als Teile, als Facetten – etwa als Takt der Musik, als Länge einer Fahrt mit dem Bus oder als den Zeitpunkt eines Termins. Diese Erlebnisse und Erfahrungen fassen wir phänomenologisch abstrahierend als ‚die Zeit‘. Entsprechend hat Elias ‚Zeit‘ als einen „Begriff auf einem hohen Verallgemeinerungs- und Syntheseniveau" beschrieben.[26] Die behandelten Artefakte sind damit – so ein weiterer zu verfolgender Gedanke – Zeugnisse eines differenzierten Zeitverständnisses, das nicht auf der Metaebene ansetzt, sondern lebensweltlich orientiert ist. Sie sind Hinweise darauf, dass bereits vormodernen Künstler:innen bewusst war, dass eine Außenperspektive auf ‚die Zeit‘ kaum möglich ist, eine Annäherung von innen, aus der eigenen Erfahrungswelt heraus, hingegen schon. In den im Rahmen dieser Untersuchung beleuchteten und vielen weiteren frühchristlichen und mittelalterlichen Kunstwerken zeigt sich, was bisher vor allem in Bezug auf die Moderne beschrieben wurde, nämlich dass „Temporalstrukturen den zentralen Ort für die Koordination und Integration individueller Lebensentwürfe und ›systemischer‹ Erfordernisse"[27] bilden. Ebenfalls daran beteiligt sind die bereits erwähnten Praktiken des auf Chronologie und Erzählung beruhenden strategischen In-Zeit-Beziehung-Setzens, wie sie sich in Typologie oder Liturgie zeigen. Diese Bereiche werden bereits seit längerem beforscht, während situative Zeitbeziehungen sowie die Reflexion lebensweltlicher Zeiterfahrungen in frühchristlichen sowie früh- und hochmittelalterlichen Kunstwerken bisher nicht in den Blick genommen wurden.[28] Im Fokus der Forschung stand zumeist der große Rahmen der christlichen Zeitord-

---

25 van Eikels 2020, S. 349, Hervorhebung im Original.

26 Elias 2021 [1984], S. 4.

27 Rosa 2005, S. 26, Hervorhebung im Original. Wenngleich, wie vielfach gezeigt wurde, die Individualität in der Vormoderne anders zu bewerten ist als in der Moderne, sind doch auch Lebensentwürfe in der Vormoderne in Temporalstrukturen eingebunden und von ihnen bestimmt. Zur „Temporalisierung personaler Identität" siehe ebenfalls Rosa 2005, S. 363–364.

28 Anders verhält es sich mit dem 15. und 16. Jahrhundert, in denen Studien unterschiedlicher Disziplinen der Auseinandersetzung mit Zeit als lebensweltlichem Phänomen nachgespürt haben, siehe etwa Fuhrmann 1994; Kiening 2020; mit Blick auf (Spät-)Antike und Mittelalter wird

nung, sprich die heilversprechende Erzählung von Erlösung und Erfüllung. Sie wurde herangezogen, um Kunstwerke zu kontextualisieren und zu erklären. Mit diesem Buch möchte ich eine andere Perspektive einnehmen und danach fragen, wie Kunstwerke Inhalte des christlichen Glaubens für die Gläubigen mithilfe lebensweltlicher Zeitbezüge nahbar machen. Anstatt also das Große, Strukturgebende als Erklärung für das Kleine, Innere heranzuziehen, möchte ich der Frage nachgehen, wie Facetten des Zeitlichen genutzt wurden, um die Glaubenslehren aus dem Inneren heraus und aus lebensweltlicher Perspektive zu vermitteln und zu strukturieren. Dabei soll außerdem auf die systemischen Zusammenhänge von Kunstwerken, Zeit und Christentum geblickt werden, die in den Fallstudien immer wieder aufscheinen, jedoch erst im letzten Kapitel im Mittelpunkt stehen werden.

Neben dem Prinzip des In-Beziehung-Setzens und dem Zeitbestimmen in Facetten und Aspekten soll noch eine andere Spur verfolgt werden: die Nutzbarmachung von bestimmten Figuren, Motiven und Themen, um zeitliche Evidenz zu erzeugen. Solche ‚Zeitfiguren‘, wie sie tentativ genannt werden sollen,[29] sind, so die Überlegung, aufgrund bestimmter Eigenschaften besonders dafür prädestiniert, bildkünstlerische Reflexionen von Zeitlichkeit an sie anzubinden. Damit ist nicht gemeint, dass Darstellungen der Genesis (Kapitel 2), der Jona-Erzählung (Kapitel 3 und 4) oder des Säulenheiligen Symeon Stylites (Kapitel 5) immer oder besonders häufig zeitliche Aspekte evident werden lassen. Es ist vielmehr zu prüfen, ob und inwiefern solche ‚Zeitfiguren‘ als Ausgangspunkte für die visuelle Vermittlung besonders komplexer, stärker abstrahierter Zeitbeziehungen genutzt werden. Die Hypothese ist, dass diese und andere ‚Zeitfiguren‘ aufgrund ihrer spezifischen Disposition das Zeitliche bereits niederschwellig vermitteln, weshalb auf diesem Niveau aufbauend komplexere Zeitlichkeiten leichter metaphorisiert und vermittelt werden können.

Bereits in diesen einführenden Worten dürfte angeklungen sein, dass ein breites Spektrum an Artefakten herangezogen wird, um der Bedeutung und der bildkünstlerischen Nutzbarmachung des Zeitlichen nachzuspüren. Die Heterogenität der behandelten Werke ist der Vielfalt der Erscheinungsformen temporaler Beziehungen geschuldet. Sie sollen die Verschiedenartigkeit der Arten, Weisen und Formen zeigen, in denen das Zeitliche visuell erfasst und bildkünstlerisch fixiert werden kann. Die weite Zeitspanne zwischen Spätantike und hohem Mittelalter

---

die lebensweltliche Perspektive in verschiedenen Beiträgen in Heiduk / Herbers / Lehner 2021 angerissen, obschon das Zeitliche dort nicht das zentrale Forschungsinteresse ist.

29 Den Begriff ‚Zeitfiguren‘ verwendet auch Lucian Hölscher, der ihn jedoch phänomenologisch und damit sehr viel offener fasst. Zeitfiguren sind für ihn Manifestationen der Geschichte oder der Geschichtlichkeit. Siehe Hölscher 2020, S. 211–278.

entspringt dem Wunsch, einen Zeitabschnitt zu beleuchten, dem hinsichtlich der Bedeutung des Zeitlichen für die Künste bisher nur wenig Aufmerksamkeit gewidmet wurde. Auch geht es darum zu zeigen, dass nicht erst im diesbezüglich bereits intensiver beforschten Spätmittelalter[30] ein differenziertes Verständnis von Zeit und Zeitlichkeit bestand, das Eingang in die Bildkünste fand. Bereits von Beginn an zeigt sich in der christlichen Kunst eine reflektierte Auseinandersetzung mit dem Zeitlichen, die über den reinen Aspekt der szenisch-narrativen Logik und der Einbettung der Erzählungen in einen heilsgeschichtlichen Rahmen hinausgeht. Zeit wurde nicht erst im Spätmittelalter, sondern bereits im frühen Christentum konzeptualisiert und auf Glaubensinhalte hin gedacht.

Deutlich werden solche konzeptualisierenden Auseinandersetzungen mit dem Zeitlichen bereits im zweiten Kapitel, in dem es noch einmal um chronologische Linien und Zyklen geht. Im Mittelpunkt steht die Verschiedenheit der Ordnungen, die harmonisiert oder kontrastiert werden. Auf unterschiedliche Art werden den Betrachter:innen so Konzeptualisierungen von Zeit beziehungsweise deren Eigenschaften vermittelt. Das dritte Kapitel widmet sich narrativ und kompositorisch konstruierten Gleichzeitigkeiten, Ungleichzeitigkeiten und der Produktivität des Ortes für die Herstellung temporaler Beziehungen. Im vierten Kapitel geht es um Bezüge zwischen Bild und Außenwelt, oder, um die Systemtheorie zu bemühen, System und Umwelt. Gezeigt wird, dass natürliche Zeitläufe wie die Gezeiten oder das Wachstum von Pflanzen motivisch verarbeitet werden und sich so lebensweltliches Zeitbeobachten mit religiösen Themen verbindet. Die dabei nur am Rande angerissenen Aspekte Dauer und Andauern stehen im fünften Kapitel im Fokus, allerdings unter dem Gesichtspunkt der stark stilisierten Ästhetik des Stylitentums. Im letzten Kapitel soll dann über die Frage nach der Nutzbarmachung der Zeit im Kontext des religiösen Denkens und Ordnens der Versuch einer Verzahnung der Phänomene unternommen werden. Als Abschluss dieses einführenden Teils ist noch anzumerken, dass sich die vorliegende Studie als erste Sondierung versteht und Anregung bieten soll für weitere Beschäftigungen mit diesem bisher nur ansatzweise erschlossenen Feld.

---

30 Zu Zeit und Zeitlichkeit im späten Mittelalter u. a. Reudenbach 1999; Wittekind 2013; Kiening / Stercken 2018a; Wagner 2019 und 2021; Eming u. a. 2022.

2 Pluralität und Harmonisierung

Die eingangs betrachtete Jahresseite aus einem Sakramentar visualisiert die zeitliche Struktur des Sonnenjahres und präsentiert damit eine andere Perspektive auf den zyklischen Jahreslauf als das liturgische Jahr, das für die Ordnung der Texte in einem Sakramentar relevant ist. Während das Kirchenjahr ein auf kulturellen Praktiken und historischen Ereignissen basierender Ablauf ist, der die organisierte Verehrung Gottes und der Heiligen rituell strukturiert und ordnet, ist das astronomische Jahr nach christlichen Vorstellungen Teil der Schöpfung Gottes, der alles nach Maß und Zahl geordnet hat (Weish 11,21). Schon im biblischen Buch Genesis ist von der Erschaffung der Himmelskörper und der daran anhängigen Erschaffung der Zeit zu lesen. Am ersten Tag entstehen mit dem Licht der Tag und mit der Dunkelheit die Nacht. Der Wechsel von Tag und Nacht ist die Voraussetzung für die Zählung in Tagen und damit der Ordnung der bereits erfolgten und noch kommenden Schöpfungsereignisse. Er wird nach der Vollendung eines jeden Schöpfungsabschnitts formelhaft wiederholt (Gen 1,5): „Und es wurde Abend, und [es wurde] Morgen – Tag eins".[31] Am vierten Tag gibt es dann in Bezug auf die Zeit einen weiteren entscheidenden Moment:

> Gott sagte aber: »Es sollen Leuchten entstehen an der Stütze des Himmels, damit sie Tag und Nacht teilen, und sie sollen dienen als Zeichen und Zeiten und Tage und Jahre, damit sie leuchten an der Stütze des Himmels und die Erde erhellen!« Und so geschah es. Und Gott schuf zwei große Leuchten: eine größere Leuchte, damit sie dem Tag vorstehe, und eine kleinere Leuchte, damit sie der Nacht vorstehe, und Sterne. Und er setzte sie an die Stütze des Himmels, damit sie über die Erde hin leuchteten und dem Tag und der Nacht vorstünden und das Licht und die Dunkelheit trennten. (Gen 1,14–18)[32]

Hier wird deutlich, dass Zeit an den Bewegungen der Gestirne, sprich den Veränderungen am Himmel, ablesbar wird und Zeit in dieser Perspektive kosmologisch und auf Wandel beruhend gedacht wird. Und wenngleich die Zeit im biblischen Text erst am vierten Tag erwähnt wird, argumentierte Augustinus, dass die Zeit

---

31 „factumque est vespere et mane dies unus"; Bibelzitate (lateinisch und deutsch) hier und im Folgenden nach Biblia sacra vulgata, ed. Fieger / Ehlers / Beriger.

32 „dixit autem Deus | fiant luminaria in firmamento caeli | ut dividant diem ac noctem | et sint in signa et tempora et dies et annos ut luceant in firmamento caeli et inluminent terram | et factum est ita fecitque Deus duo magna luminaria | luminare maius ut praeesset diei | et luminare minus ut praeesset nocti et stellas et posuit eas in firmamento caeli | ut lucerent super terram et praeessent diei ac nocti | et dividerent lucem ac tenebras | et vidit Deus quod esset bonum".

bereits existierte, bevor Gott die Sterne erschuf.[33] Ausgangspunkt für das ‚Sein‘ der Zeit ist also der erste Schöpfungstag, das erste Ereignis, von dem die Zeit ein unselbstständiger Teil ist.[34]

Der Schöpfung kam als Anfangs- und Ursprungserzählung eine hohe Stellung zu, entsprechend wurde sie im Mittelalter häufig dargestellt. Die erste, priesterliche Schöpfungserzählung (Gen 1,1–2,3) umfasst das Sechstagewerk sowie den siebten Ruhetag, und bildet damit die Struktur der jüdischen und der christlichen Woche vor. Die zweite, jahwistische Erzählung (Gen 2,4–3,24) rückt hingegen die Beziehung zwischen Gott und Mensch in den Vordergrund. Sie erzählt von Adams und Evas Dasein im Paradies, dem Sündenfall und der Vertreibung des Paares. Der ersten Schöpfungserzählung, die eher eine Aufzählung ist, wohnt per se ein Zeit vermittelnder Aspekt inne, zum einen aufgrund ihrer Strukturierung in Tage und zum anderen, da sie auf den Anfangspunkt der Welt zurückweist. Zudem integriert sie, wie bereits erwähnt, die natürliche, auf dem Lauf der Sonne basierende Zeitordnung in die christliche Schöpfung.

Die Schöpfungserzählung scheint sich für eine bildkünstlerische Auseinandersetzung mit der Frage, was Zeit ausmacht und wie sie sich charakterisieren lässt, geradezu anzubieten. Dass das Schöpfungsmotiv über spezifische Konfigurationen weitergedacht und so die in den biblischen Erzählungen vermittelten Eigenschaften der Zeit visuell wahrnehmbar werden, ist jedoch selten. Eines der wenigen Werke, in denen über die Auffassung von Zeit als Geschichte hinausgegangen und etwas über den Charakter der Zeit mitgeteilt wird, ist das Genesismosaik in der Vorhalle der Markuskirche in Venedig. Dort werden gleich mehrere Aspekte des Zeitlichen adressiert, wobei die erste Schöpfungserzählung als Denkfigur und Ausgangspunkt für eine komplexere Zeitbetrachtung dient und so als eine Zeitfigur erkennbar wird.

2.1 Die Zählbarkeit der Zeit

Das Mosaik (Abb. 2), das sich in der südlichen Kuppel der Vorhalle von San Marco befindet, umfasst die beiden biblischen Schöpfungsberichte.[35] Die Bildfolgen der priesterlichen und der jahwistischen Schöpfungserzählung schließen direkt aneinander an und ziehen sich über die drei Register, in die die Kuppel gegliedert ist. Über den konzentrischen Bildringen verlaufen Inschriftenbänder mit dem zuge-

---

33 Augustinus: De Genesi contra Manichaeos, I, 2,3.
34 Siehe oben, S. 6.
35 Zum Mosaik Tikkanen 1891; Weitzmann / Kessler 1986; Büchsel / Kessler / Müller 2014.

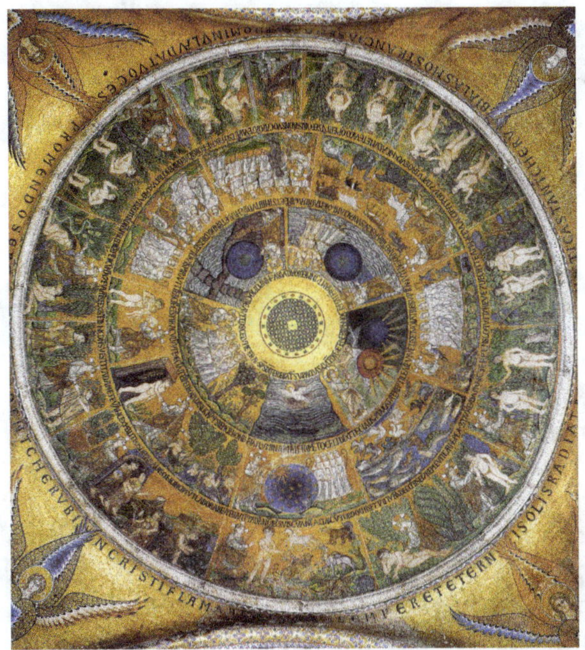

Abb. 2: Genesismosaik, ca. 1215/25–1230/40. Venedig, San Marco, Atrium, südliche Kuppel. Bild: Romanelli 1997, 1, S. 73.

hörigen, allerdings verkürzten Bibeltext. Text und Bild stehen dabei jedoch nicht immer passgenau übereinander.[36] Die Abfolge beginnt im inneren Ring und setzt sich dann linksdrehend, also entgegen dem Uhrzeigersinn fort. Den Auftakt macht die Darstellung des über den Wassern schwebenden Geistes. Im ersten Teil der Sequenz, der den priesterlichen Schöpfungsbericht zeigt, sind für einen Schöpfungstag meist zwei Bildfelder vorgesehen. Nur der zweite, der vierte und der die Folge beschließende Ruhetag sind in nur einer Szene dargestellt. Das erste Register deckt die ersten drei Schöpfungstage ab, im zweiten sind dann die übrigen vier Tage zu finden. An das letzte Bildfeld der Reihe, den Ruhetag, schließt die Darstellung der Beseelung Adams an – nahtlos und ohne, dass das Ende der Tagesequenz und der Beginn einer neuen Erzählperspektive markiert werden würden. An dieser Stelle zeigt sich die Nähe zwischen der Bildfolge und dem biblischen Text, denn hier wie dort setzt nach der Beschreibung des siebten Tages unvermittelt die zweite, jahwistische Schöpfungserzählung ein: Nach einer kurzen überblicksartigen Zusammenfassung richtet sich der Fokus des Textes direkt

---

36 Zu den Inschriften ausführlich Krause 2014.

auf die Erschaffung und Beseelung des Menschen. Im Kuppelmosaik schließt nach der Beseelung die Einführung Adams ins Paradies an, dann geht es im dritten und letzten Register weiter, wo die Benennung der Tiere, die Schaffung Evas, ihre Zuführung zu Adam, die Verlockung durch die Schlange, der Sündenfall, die Erkenntnis der eigenen Nacktheit, das Verstecken vor Gott und dessen Entdeckung des Sündenfalls, sein Zur-Rede-Stellen der beiden Menschen, die Bestrafung der Menschen und der Schlange, die Bekleidung Adams und Evas, die Vertreibung aus dem Paradies und die darauf folgende schwere Arbeit zu sehen sind.

Von anderen Schöpfungsdarstellungen hebt sich das Bildprogramm der Kuppel in San Marco ab, da die erste und zweite Schöpfungserzählung unmittelbar aneinander anschließen; eine derart enge formale Orientierung an der Struktur der biblischen Vorlage ist eher ungewöhnlich. Die zweite Besonderheit, die sich im Genesismosaik zeigt, sind die in der ersten Schöpfungssequenz dargestellten geflügelten Figuren. Vergleichbare Darstellungen sind bisher nur in einem weiteren Werk gefunden worden. Dabei handelt es sich um die im späten 5. oder frühen 6. Jahrhundert entstandene Cotton-Genesis, die sich so als Vorbild zumindest für einen Teil der Bilder der Genesiskuppel ausmachen ließ.[37] Die nach ihrem einstigen Besitzer benannte Handschrift ist aufgrund eines Brandes nur noch in Fragmenten erhalten, doch die Überreste sowie ein im 17. Jahrhundert angefertigtes Aquarell der Buchmalerei des dritten Schöpfungstages lassen unschwer erkennen, dass die Tagesfiguren von den Darstellungen in der Cotton-Genesis beeinflusst sind.[38]

In San Marco begegnet die erste geflügelte Figur bereits in der Darstellung des ersten Schöpfungstages, die auf zwei Bildfelder aufgeteilt ist. Das erste zeigt den über dem Wasser schwebenden Heiligen Geist, das zweite die Erschaffung des Lichts und die Trennung von Licht und Dunkelheit, Tag und Nacht. In dieser Szene ist die geflügelte Figur zu sehen (Abb. 3). Links steht Christus-Logos, seine schöpferische Aktivität wird durch die erhobene Hand mit ausgestrecktem Zeige- und Ringfinger angezeigt. Neben ihm befinden sich zwei Sphären: eine rote, innerhalb derer konzentrische Ringe in heller werdenden farbigen Abstufungen zu erkennen sind, und eine blaue, die im Inneren ebenfalls einen helleren Farbton

---

37 Cotton-Genesis (Fragmente), 5./6. Jh., Ägypten(?), Deckfarben auf Pergament. London, British Library, Cotton MS Otho B VI. Zu diesem Vorbild meines Wissens erstmals Tikkanen 1891. Kessler 2014a und 2014b diskutiert die Vorbildfrage mit einem aktualisierten und differenzierten Blick und geht nicht mehr davon aus, dass alle Bilder der Genesiskuppel auf die Cotton-Genesis zurückgehen. Kessler revidiert damit Teile der ersten großen Rekonstruktionsarbeit, die Weitzmann und er 1986 veröffentlichten.

38 Fabri de Peiresc: Papiers, nicht paginierte Seite, Digitalisat: https://gallica.bnf.fr/ark:/12148/btv1b52523635r.r=btv1b52523635r?rk=21459;2 (letzter Zugriff 28.07.2025).

aufweist. Aus beiden treten nach unten gerichtete Strahlenbündel hervor, die der roten Sphäre von etwas stärkerer Leuchtkraft als die der blauen. Der Hintergrund des Bildfelds ist analog zu den unterschiedlichen Sphären zweigeteilt, links ist er heller, rechts dunkler. Die geflügelte Figur befindet sich in der Mitte des Bildes und damit an der Schwelle zwischen Tag und Nacht. Sie ist hinter der roten Sphäre platziert und entsprechend ist der Großteil ihres Körpers hell beleuchtet, während ihr linker Arm und ihr linker Flügel in den dunklen Bereich hineinragen und verschattet gezeigt werden. Die Figur steht für den ersten Schöpfungstag, der Licht und Dunkelheit, Tag und Nacht umfasst.

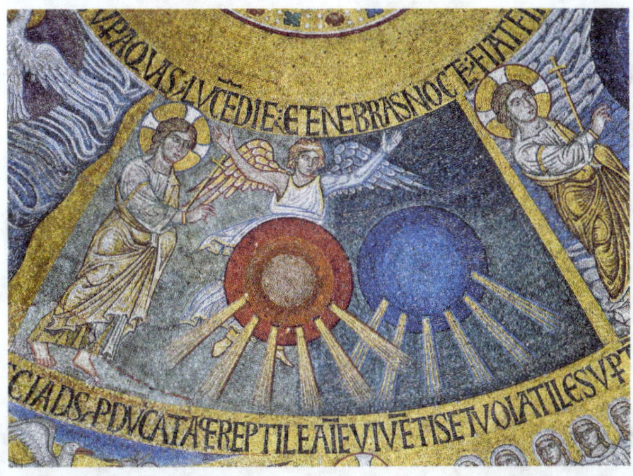

Abb. 3: 1. Tag, Genesismosaik, ca. 1215/25–1230/40. Venedig, San Marco, Atrium, südliche Kuppel. Bild: Jolly 1997, Taf. 3.

Mit dem Fortschreiten der Sequenz wird deutlich, dass zwischen den Schöpfungstagen und den geflügelten Figuren ein Zusammenhang besteht, denn mit jedem neuen Tag kommt eine weitere Figur hinzu (Abb. 4 und 5). Am siebten und letzten Tag sind schließlich sieben dieser Figuren um den Thron Gottes versammelt, von denen eine gesegnet wird (Abb. 6).[39] Von den übrigen Figuren unterscheidet sie sich vor allem durch die an ihr vollzogene Handlung und durch ihre Gestaltung. Sie ist die einzige, die keinen Schleier auf dem Haupt trägt. Auch in den meisten übrigen Bildfeldern treten die geflügelten Figuren nur mit einem Stirnreif und ohne Kopfbedeckung auf; allein in der Szene des fünften Tages liegen Schleier über ihren Haaren.

---

39 Gen 2,3: „und er segnete den siebten Tag und heiligte ihn" („et benedixit diei septimo et sanctificavit illum").

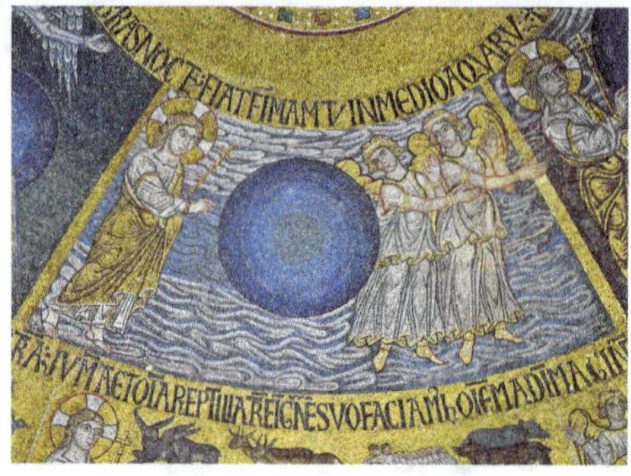

Abb. 4: 2. Tag, Genesismosaik, ca. 1215/25–1230/40. Venedig, San Marco, Atrium, südliche Kuppel. Bild: Vio 2001, S. 251.

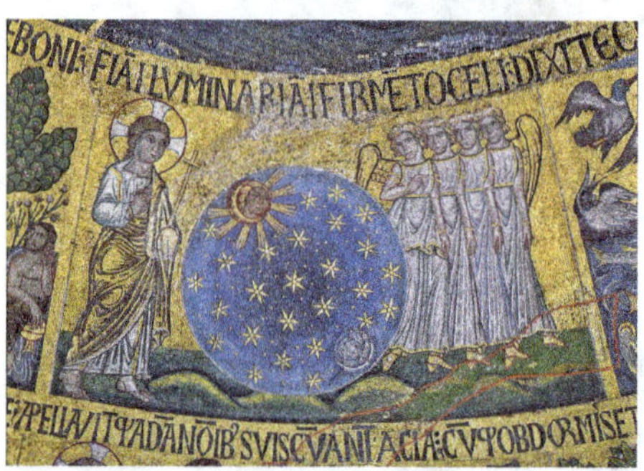

Abb. 5: 4. Tag, Genesismosaik, ca. 1215/25–1230/40. Venedig, San Marco, Atrium, südliche Kuppel. Bild: Jolly 1997, Taf. 4.

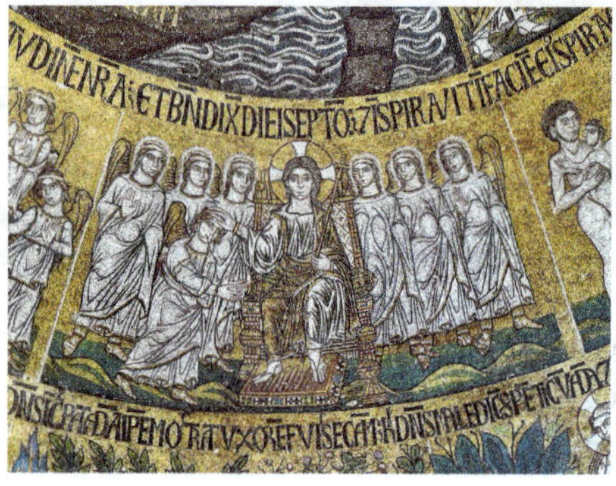

Abb. 6: 7. Tag, Genesismosaik, ca. 1215/25–1230/40. Venedig, San Marco, Atrium, südliche Kuppel. Bild: Poeschke 2009, Taf. 165 (Detail).

Gedeutet wurden die geflügelten Figuren entweder als Engel oder als Tagespersonifikationen. Dem Problem ihrer Zuordnung zu einer der beiden Kategorien wurde sich bisher vor allem ikonographisch und ikonologisch mit dem Ziel der Aufdeckung ikonographischer Traditionen angenähert. Verbunden mit der Klassifizierung ist die Frage nach der Bedeutung und dem Vermittlungspotenzial der Figuren. Personifikationen und Engel zeichnen sich durch unterschiedliche Eigenschaften aus und besitzen andere Möglichkeiten. Aus ontologischer Sicht sind beide grundverschieden.

Die Identifikation der Figuren als Engel geschah vor allem mit Blick auf die Flügel und die sich darüber ergebende Verbindung zu Augustinus.[40] Der Kirchenvater schrieb in *De civitate Dei*, dass Gott mit dem Licht die Engel geschaffen habe und diese jenes Licht seien, das Tag genannt werde (XI,9).[41] Auch in *De genesi ad litteram* (II,8) setzt Augustinus die Erschaffung der Engel mit der Erschaffung des Lichts gleich.

Karin Krause, die sich für eine Deutung als Personifikationen stark macht, zieht eine Verbindung zu anderen in den Schöpfungsszenen der Kuppel von San Marco vorkommenden Personifikationen. Unter anderem nennt sie die vier Paradiesflüsse, die in dem Bild der Einführung Adams ins Paradies zu sehen sind.[42] Zwischen den personifizierten Flüssen und den geflügelten Figuren besteht jedoch ein deutlicher Unterschied: Euphrat, Tigris, Gihon und Pischon sind leicht voneinander unterscheidbar, denn sie weichen in ihrer Gestaltung voneinander ab. Die Flusspersonifikationen tragen unterschiedliche Frisuren, sind dunkelhaarig oder blond, ihr Gesicht ist bärtig oder unbehaart. Ihre Körperhaltungen unterscheiden sich deutlich voneinander, und obwohl ihre Gewänder identisch sind, legen sie sich jeweils anders um die nackten Körper. Selbst ohne ergänzende Beischriften wird schnell erkennbar, dass es sich um Figuren handelt, die unterschiedliche Flüsse personifizieren. Auf dieser Unterscheidbarkeit basiert die (bild)rhetorische Figur der Personifikation: Sie verkörpert ein spezifisches Abstraktum oder ein spezifisches Naturphänomen. Sind mehrere Personifikationen in einem Bild anwesend, sind sie durch ihre Gestaltung oder mithilfe von bezeichnenden Inschriften in der Regel klar voneinander unterscheidbar. Personifikationen sind, anders gesagt, immer distinkt.[43] Das Spezifische und das Distinkte fehlen den geflügelten Figuren jedoch. Mehr noch, sie bilden geradezu das Gegenbild zu den vier Flusspersonifikationen. Dies wird mit Blick auf die beiden in der Darstellung des zweiten Schöpfungstages auftretenden Figuren deutlich. Sie erscheinen wie Zwillinge, gleichen einander auf Haut und Haar, sind identisch gekleidet

---

40 d'Alverny 1957, insbesondere S. 274–277; kritisch dazu Krause 2009, S. 106–107; auch Büchsel 2014 argumentiert für die Deutung als Engel.

41 Mit Augustinus' Erläuterung zur Herkunft der Engel in Verbindung gebracht wurde die Darstellung des ersten Schöpfungstages in der Kathedrale von Monreale. Hier stehen sieben, gemeinhin als Engel gedeutete Figuren dem Schöpfer gegenüber. Umgeben sind sie von einem gezackten Lichtkranz, siehe Krause 2009, S. 106.

42 Krause 2009, S. 112.

43 Auch im Jahresblatt der Berliner Staatsbibliothek lässt sich die Differenzierung von Personifikationen nachvollziehen, wenn man auf die Jahreszeiten blickt. Sie sind einander ähnlich, aber doch so gestaltet, dass sie sich ausreichend voneinander unterscheiden. Die sie benennenden Beischriften geben dann zu erkennen, welche spezifischen Jahresabschnitte von den Figuren verkörpert werden.

und nehmen die gleiche Körperhaltung ein. Welche Figur den ersten und welche den zweiten Tag repräsentieren soll, bleibt unklar, jede der beiden Figuren erscheint wie eine Verdoppelung der anderen, beide sind untereinander austauschbar. Die Ununterscheidbarkeit bleibt auch im weiteren Verlauf der Schöpfungssequenz erhalten. Immer stehen die geflügelten Figuren eng gestaffelt, allein in der Darstellung der Erschaffung Adams sind sie mit mehr Abstand positioniert und die Gesten variieren, doch scheint das Ziel nicht gewesen zu sein, die Figuren einzelnen Tagen eindeutig zuzuordnen.[44] Wie bereits erwähnt, bildet die Szene des siebten Tages eine Ausnahme, da eine der Figuren gesegnet wird und damit nach dem ersten Tag erstmals wieder eine Unterscheidung möglich wird. Engeln ähneln die Figuren also nicht allein aufgrund ihrer Flügel, sondern vor allem aufgrund ihrer Distinktionslosigkeit, ihrer fehlenden Individualität. Engelsfiguren sind häufig untereinander austauschbar; nur einzelne von ihnen sind aufgrund der ihnen übertragenen Aufgaben namentlich bekannt: Gabriel, der Maria die Geburt Christi verkündet, und Michael, der gegen den Drachen kämpft, sind die bekanntesten. In der Regel sind Engel jedoch nicht weiter beschrieben, sie bleiben uncharakteristische Mitglieder einer großen Schar. In dieser Hinsicht stehen die geflügelten Figuren Engeln deutlich näher als Personifikationen, und es scheint plausibel, in den Figuren Engel zu sehen, die das Licht der einzelnen Schöpfungstage repräsentieren.[45] Wenig plausibel ist hingegen die Annahme, dass die Schöpfung von Engeln dargestellt wird. Zum einen kommt am siebten Tag, an dem die Schöpfung abgeschlossen ist, eine weitere Figur hinzu, zum anderen lässt sich noch einmal auf Augustinus und dessen Deutung der Engel als Licht verweisen, das allerdings bereits am ersten Tag geschaffen wurde.[46] Am ehesten lassen sich die Figuren wohl als Mischwesen verstehen, die sowohl Eigenschaften von Engeln (undistinkt) als auch von Personifikationen (verkörpernd) besitzen und in ihrer Hybridität den Genien römischer Tradition ähneln.[47] Interessant ist, welches epis-

---

44 Büchsel 2014, S. 97, sieht in der Geste der aus der Reihe heraus in den Vordergrund gerückten Figur eine Akklamation und damit die Wiederholung der Geste der Figur des ersten Tages. Des Weiteren erkennt Büchsel in den Gesten der Figuren des sechsten Tages eine Reprise jener Gesten, die die Figuren an den vorhergehenden Tagen gezeigt haben. Wenngleich dieser Gedanke höchst reizvoll ist, trägt Büchsels Erklärung, wieso die Reihenfolge der Gesten nicht der Reihenfolge der Tage entspricht, m. E. nicht.

45 D'Alverny 1957; Büchsel 2014.

46 von Erffa 1989, Bd. 1, S. 62.

47 Auch Kessler 2014b, S. 81, erwog die Möglichkeit, dass es sich bei den geflügelten Wesen um Interpolationen handelt. D'Alverny 1957, S. 273, verwies anhand der Cotton-Genesis auf die Nähe zu den antiken Genien. Zur Integration des römischen Konzepts des Genius in das christliche Denken, vor allem bei Bernardus Silvestris und Alanus ab Insulis, siehe Nitzsche 1975.

temische Potenzial aus diesen hybriden Wesen gewonnen wird, und wie es sich mit dem Sinn und Zweck ihrer Anwesenheit in der Tagessequenz verbindet.

Dass die geflügelten Figuren überhaupt im Bild erscheinen, lässt sich – wie oben bereits kurz angerissen – zunächst mit der großen Textnähe der Darstellungen erklären. Sie verbildlichen die im biblischen Text genutzten formelhaften Wendungen, mit denen die Beschreibung der Werke eines jeden Tages schließt: „Und es wurde Abend, und [es wurde] Morgen – der [...] Tag."[48] Nur der Ruhetag endet nicht mit dieser Formel; die Tageszahl wird auf andere Weise im Text erwähnt (Gen 2,3): "Und er ruhte am siebten Tag von dem ganzen Werk, das er vollbracht hatte, und er segnete den siebten Tag und heiligte ihn, [...]."[49] Die Figuren haben zunächst eine rezeptionsästhetische Funktion, da sie die Betrachter:innen bei der Orientierung in der Bildsequenz unterstützen. Mit ihren von einem Bild zum nächsten weisenden Gesten leiten sie aktiv den Blick. Zudem erleichtern sie die Zuordnung der Einzel- und Doppelbilder zu den jeweiligen Schöpfungstagen, sind sie doch ein figurales Äquivalent der Ordnungszahlen der Tage.[50] Die geflügelten Figuren verbildlichen jedoch nicht nur die (Ordnungs-)Zahl, sondern auch die Zählbarkeit der Tage, was ein aristotelisches Zeitverständnis aufscheinen lässt: In der *Physik* beschreibt der Philosoph die Zeit als gezählt und zählbar.[51] Die Zählbarkeit der Zeit, wie sie im Mosaik vermittelt wird, ist jedoch eine andere als jene, die im eingangs behandelten Jahresbild dargestellt wird. Das dortige Thema ist die zählbare zyklische Struktur des Jahres, während die Zeit hier als akkumulativ erkennbar wird. Die Tage vergehen nicht einfach, sie werden mit jedem Tag-und-Nacht-Wechsel mehr, was vor allem durch die anwachsende Menge der geflügelten Figuren sichtbar wird.

An diesem Punkt wird noch einmal die Wesenheit der Figuren relevant, die eben keine Personifikationen der einzelnen Schöpfungstage sind. Dass sie unspezifisch gestaltet sind, also keinem konkreten Tag zugeordnet werden können, sondern in ihrer Menge schlicht der jeweils aktuellen Zahl der bereits angebrochenen beziehungsweise vergangenen Tage entsprechen, lässt die Vorstellung einer weiteren Zunahme der Tage über die sieben hinaus zu. Angedeutet wird, dass sich das Prinzip ‚Tag und Nacht' kontinuierlich wiederholt, die Tage immer mehr werden. In aller Konsequenz heißt dies, dass alle zum jeweiligen Betrachtungs-

---

48 Im Lateinischen stehen zwei Versionen im Wechsel: „factumque est vespere et mane dies [...]" sowie „et factum est vespere et mane dies [...]".
49 „et benedixit diei septimo et sanctificavit illum [...]".
50 Vielleicht noch deutlicher wird diese Entsprechung, wenn man sich die Ordnungszahlen als römische Ziffern denkt, in denen zumindest die Zahlen I, II und III auf nur einer Figur und ihrer Wiederholung basieren.
51 Aristoteles: Physik IV, 219b und 220a.

zeitpunkt bereits vorhandenen Tage summierbar sind. Heraus käme eine Menge, die kaum fassbar, eher theoretisch als praktisch zählbar, aber doch konkret ist: Sie umfasst *alle* Tage. Hans Blumenberg hat sich in seinem Text *Die Vollzähligkeit der Sterne* mit dem Allquantor ‚alle‘ beschäftigt und schreibt zur Zahl der Sterne, was gleichermaßen auf die Zahl der Tage zutrifft: „Es ist nicht wichtig, daß nachgezählt *wird*, doch daß nachgezählt werden *könnte*.“[52] So wird das Abstraktum Zeit über die Zählbarkeit der Tage als eine konkrete und sich zugleich von Tag zu Tag verändernde Menge fassbar, die ihren Ursprung in der Schöpfung hat.

Zieht man ein letztes Mal Augustinus heran, so eröffnet sich über die Figuren noch ein weiterer Bezug auf das Zeitliche, der jedoch nicht dessen Eigenschaften betrifft, sondern eine zeitliche Dimension, eine Zeitspanne berührt. Vermittelt durch den Kirchenvater verbreitet sich die Analogie der sechs Schöpfungstage mit den sechs Weltzeitaltern, auf die ein siebtes Zeitalter, das als neues Königreich verstanden wurde, folgt. Die ungewöhnliche Betonung der Quantität in Verbindung mit der Krönung der letzten Figur dürfte zeitgenössische Betrachter:innen des Mosaiks an diese Lehre von den Epochen erinnert haben, die die Welt vor ihrem Ende respektive ihrer bevorstehenden Erneuerung durchläuft. Für die Cotton-Genesis lässt sich – sollten sich auch dort die Figuren durchweg mit jedem Tag um eine vermehrt haben – diese Deutungsmöglichkeit ebenfalls annehmen. Die Weltalterlehre war zum Zeitpunkt der Entstehung der Handschrift schon von Augustinus aufgegriffen und in seinen Schriften verbreitet worden. Hinzu kommt, dass die Zeitrechnung des 5. und 6. Jahrhunderts noch von der *annus-mundi*-Zählung geprägt war, die in Anlehnung an die sechs Schöpfungstage und in Verbindung mit Psalm 89 (90) davon ausging, dass die Welt 6000 Jahre alt werden würde. In besagtem Psalm heißt es: „Bevor die Berge geschaffen wurden und die Erde und die Welt geformt wurden, bist du, Gott, von Ewigkeit bis in Ewigkeit. [...] Denn tausend Jahre ‹sind› vor deinen Augen wie der gestrige Tag, der vergangen ist, und eine Wache in der Nacht.“[53] Erst mit Beda Venerabilis setzte sich die *annus-domini*-Zählung durch.[54] Es scheint wenig überraschend, dass das älteste uns bekannte Bild, das mit Figuren verkörperlichter Schöpfungstage aufwartet, aus der griechischen Cotton-Genesis stammt und diese wiederum in einer Epoche entstand, in der man sich noch intensiv mit dem Alter der Welt, sowie den Zeitpunkten ihres Anfangs und ihres Endes beschäftigte. Zwar ist der mit dem Mille-

---

52 Blumenberg 2011 [1997], S. 16, Hervorhebungen im Original.

53 „priusquam montes fierent et formaretur terra et orbis | a saeculo usque in saeculum tu es Deus [...] quoniam mille anni ante oculos tuos | tanquam dies hesterna quae praeteriit | et custodia in nocte“.

54 Siehe zu *annus mundi* und *annus domini* auch noch einmal unten, S. 49–50.

narismus verknüpfte Gedanke eines vorbestimmten Alters der Welt vor allem im lateinischen Christentum belegt, allerdings lassen sich auch im byzantinischen Raum Hinweise darauf finden, etwa bei Annianus von Alexandria oder Panodorus.[55]

Die Reflexionen über das Wesen und die Eigenschaften der Zeit beschränken sich in der Genesiskuppel jedoch nicht auf die erste Schöpfungserzählung. Mit Blick auf die Gesamtsequenz, also unter Einbezug der Darstellungen der ersten und der zweiten Schöpfungserzählung, tritt noch eine weitere Perspektive auf das, was Zeit ist, hinzu: Mit dem Übergang vom priesterlichen zum jahwistischen Abschnitt wechselt nicht nur wie im biblischen Text die aufzählende zur erzählenden Form, Zeit wird zudem anders perspektiviert. Im zweiten Teil wird eine Zeitvorstellung evident, in der das Vergehen von Zeit durch Ereignisse, Kausalitäten und Wandel wahrnehmbar wird.[56] Sichtbar wird der Unterschied über das Zusammenspiel von Form und Inhalt, denn sobald die Erzählung beginnt, verschwinden die Personifikationen. Es geht nun nicht mehr um die Zählbarkeit der Tage und ordnende Strukturen, sondern um Veränderung, die sich nicht rhythmisch oder in benennbaren Intervallen vollzieht oder sich an astronomischen Bewegungen erkennen lässt, sondern die von den Handlungen der beteiligten Figuren geprägt ist. Dies zeigt sich in einem dynamischeren Umgang mit der Komposition und Handlung: So ist Christus-Logos in den Darstellungen der sechs Schöpfungstage immer im linken Bereich des Bildfeldes und in jener des siebten Tages dann thronend in der Mitte positioniert, während er sich in der Beseelungsszene erstmals auf der rechten Seite befindet. Dieser Seitenwechsel ist jedoch nicht von Dauer, Christus-Logos wechselt nun häufiger die Position im Bild, der zweite Teil der Bildfolge wirkt dadurch und durch die bewegten Interaktionen der Figuren weniger schematisch als die Aufzählung der Schöpfungstage.

Das Kuppelmosaik in San Marco ist, wie bereits angesprochen, ein Sonderfall, denn mit Ausnahme der Cotton-Genesis ist kein weiteres Werk bekannt, in dem die Schöpfungstage durchgehend von Figuren begleitet werden, die die Zahl der bereits vorhandenen Tage widerspiegeln.[57] Die Tatsache, dass der venezianische Entwurf den Darstellungen in der Handschrift mindestens in Teilen folgt, lässt allerdings vermuten, dass die bereits in der Handschrift angelegte Auseinandersetzung mit Zeit und ihren Eigenschaften trotz des großen zeitlichen Abstands, der

---

55 Brandes 2021, S. 39.
56 Siehe auch oben, S. 6.
57 Für die Cotton-Genesis ist dies bereits angezweifelt worden. Kessler 2014b, S. 81.

zwischen der Entstehungszeit der Cotton-Genesis und dem Mosaik in San Marco liegt, zu Beginn des 13. Jahrhunderts noch verstanden wurde.

In der Vorhalle von San Marco und ebenso in der das Vorbild liefernden Handschrift (davon ausgehend, dass die geflügelten Tagesfiguren auch in der Cotton-Genesis in allen Darstellungen der Schöpfungstage vorhanden waren) tritt die Schöpfungserzählung als eine Zeitfigur hervor: Hier wie dort werden auf Basis einer bereits vorhandenen temporalen Grundordnung komplexere Aspekte des Zeitlichen vermittelt. Wesentliches ist bereits über das Schöpfungsthema selbst abgedeckt: Es musste nicht mehr geklärt werden, dass Zeit in Tage teilbar ist, dass diese durch Tag und Nacht entstehen und bereits von Beginn an Teil des Kosmos waren. Die weiterführende Auseinandersetzung mit Zeit und ihrem Wesen – als sich akkumulierend, zählbar, Rhythmen unterliegend, als über erzählte Ereignisse und deren Beziehung zueinander einteilbar – konnte darauf aufbauen. Das Genesismosaik mit seiner Verflechtung von Thema, Ikonografie und Komposition verdeutlicht, wie sich Zeit über ihre Eigenschaften in der Vielfalt ihrer Erscheinungen und Wahrnehmungen beschreiben lässt. Selbst Zeitverläufe können, wie sich zeigt, höchst unterschiedlich gestaltet werden und so gezielt verschiedene Facetten des Zeitlichen sichtbar machen.

2.2 Lineare und zyklische Ordnungen

Die kosmologische (astronomisch ablesbare) Zeitordnung, die nach der priesterlichen Schöpfungserzählung in den ersten Tagen ihre Form erhält, wurde auf unterschiedliche Weise in das christliche Denken integriert. Das eingangs betrachtete Bild aus dem Sakramentar ist nur ein Beispiel dafür.[58] Am anschaulichsten wird die Durchdringung des astronomischen und des sich an Ereignissen vor allem aus dem Leben Christi orientierenden liturgischen Jahres wohl in der Berechnung des Osterfestes. Aus dem Ostertermin ergeben sich die Termine für die weiteren beweglichen Festtage und damit das Kirchenjahr. Ostern wiederum ist abhängig vom Mondzyklus. Das Fest fällt auf den ersten Sonntag nach dem ersten Vollmond im Frühling und sein Datum muss aufgrund der Differenz zwischen Sonnen- und Mondjahr jährlich neu bestimmt werden.[59] Mit der Überblendung

---

58 Zu kosmologischen Inhalten in Sakramentaren siehe Winterer 2009, S. 422–464.

59 Beziehungsweise für jedes Jahr innerhalb eines 19-jährigen Mondzyklus, nach dessen Vollendung fallen die Mondphasen wieder auf dieselben Monatsdaten. Um die Mondphasen zu berechnen, wurde die goldene Zahl benutzt. Übersichtliche Erläuterungen zu diesem System finden sich im Online-Tutorium von Ad fontes: https://www.adfontes.uzh.ch/tutorium/datierungen-aufloesen/chronologie (letzter Zugriff 29.07.2025).

von astronomischen und religiösen Terminen wurde zudem eine Aneignung älterer, nichtchristlicher Feiertage vollzogen. Exemplarisch seien hier die Jahreszeitenwechsel genannt (nach dem vom heute gebräuchlichen gregorianischen leicht abweichenden julianischen Kalender): Mit dem astronomischen Beginn des Winters wurde die Geburt Christi am 25. Dezember verbunden, mit dem Frühlingsbeginn die Feier der Verkündigung an Maria am 25. März und auf die Sommersonnenwende am 24. Juni fiel der Johannistag.[60] Diese und ähnliche Praktiken lassen erkennen, dass christliche Zeitgefüge strategisch gesetzt wurden, um sie dann als Rahmen für die Organisation und Ausübung christlicher Praktiken zu etablieren. Wie weit die Integration des Sonnenjahres in das christliche Denken und Handeln reicht, zeigt Arnold Angenendt anschaulich:

> Endlich konnte das Jahr noch in ‚gezählter‘ Weise Bedeutung gewinnen, zum Beispiel mit seinen 365 Tagen. Diese Zahl erscheint in überraschenden Kombinationen, etwa darin, daß sich auch die Gesamtzahl der menschlichen Glieder auf 365 belaufe, folglich der Körper zum Jahr in Entsprechung stehe. Eine der frühen irischen Bußkommutationen des 8. Jahrhunderts kombiniert dann in folgender Weise: „Die Buße für die Befreiung einer Seele aus der Hölle [beträgt] 365 Paternoster und 365 Kniebeugen und 365 Geißelhiebe an jedem Tag eines Jahres sowie ein monatliches Fasten – das errettet eine Seele aus der Hölle. Denn das steht in Entsprechung zur Anzahl der Glieder und Sehnen im menschlichen Körper." Mit den Bußübungen sollte offensichtlich jedes einzelne Körperglied gereinigt werden; so wäre überhaupt die so oft verhängte Jahresbuße nichts anderes als die Reinigung aller Körperglieder.[61]

Osterfestberechnung, Bußpraktiken auf Basis des Sonnenjahres oder die Einbettung von Jahresbildern in Sakramentaren sind Zeugnisse dafür, dass Zeit im Christentum seit jeher aus verschiedenen Perspektiven beziehungsweise unter verschiedenen Prämissen betrachtet sowie in ihren vielfältigen Eigenschaften und Ausdehnungen wahrgenommen und reflektiert wurde.[62] Wie schon am Beispiel des Genesismosaiks gesehen, galten die unterschiedlichen Facetten und Ordnungen nicht als einander widersprechend. Vielmehr zeigte sich ein Bestreben, die vielfältigen Erscheinungen des Zeitlichen miteinander zu verbinden und zu

---

60 Angenendt 2000, S. 426.

61 Angenendt 2000, S. 427, mit einem Zitat aus der Old-Irish Table of Commutations (Bieler, Ludwig [Hg.]: The Irish Penitentials, mit einem Appendix von D. A. Binchy [Scriptores Latini Hiberniae 5], Dublin 1963, S. 278).

62 Diese Pluralität der Zeiten ist seit einigen Jahren im Fokus der Forschung, wenngleich aus kunsthistorischer Perspektive bisher vor allem auf das Spätmittelalter geblickt wurde. Siehe hierzu etwa Czock / Rathmann-Lutz 2016b und weiterführend die Beiträge im zugehörigen Sammelband (Czock / Rathmann-Lutz 2016a), insbesondere Rathmann-Lutz 2016; des Weiteren Kiening / Stercken 2018b sowie weiterführend die Beiträge im zugehörigen Sammelband Kiening / Stercken 2018a; Eming u. a. 2022.

harmonisieren. Dass solche Bestrebungen sich nicht allein auf Sonnen- und Kirchenjahr beschränken, sondern die Bildkünste gleichermaßen daran interessiert waren, die Verbindungen zwischen Kirchenjahr und historischen Ereignissen offenzulegen,[63] zeigt eine Staurothek, die in Pliska, der früheren Hauptstadt des bulgarischen Reiches, gefunden wurde.[64] Sie stammt aus der zweiten Hälfte des 9. oder aus dem 10. Jahrhundert und besteht aus zwei aus Gold gefertigten kreuzförmigen Kapseln, einer äußeren, die nur 4,2 x 3,2 cm misst, und einer etwas kleineren inneren (Abb. 7a–d). Beide Behältnisse sind auf der Vorder- und der Rückseite mit in Niello[65] gearbeiteten Darstellungen versehen. Es ist davon auszugehen, dass die innere Kapsel ursprünglich eine Partikel des Kreuzes Christi enthielt, heute ist das Objekt jedoch leer. Die innere und die äußere Kapsel sind an einer gemeinsamen Aufhängung angebracht, an der eine Kette befestigt werden kann, die es ermöglicht, die Staurothek als Anhänger auf der Brust oder am Gürtel zu tragen. Die Teile des äußeren Kreuzes sind durch ein Scharnier verbunden, so kann die Vorderseite (A) nach unten aufgeklappt werden, während die Rückseite (B) die beiden Teile an der Aufhängung hält (Abb. 7a und b).[66] Das innere Kreuz ist etwas anders konstruiert, seine beiden Teile sind nicht fest miteinander verbunden. Die Vorderseite (C) ist an der Aufhängung befestigt, die Rückseite (D) kann frei abgenommen werden (Abb. 7c und d).

Die Staurothek wartet wenig überraschend mit einem auf Christus fokussierendem Bildprogramm auf. Die äußere Kapsel setzt auf Geschichte und Erzählung und verweist damit auf das Immanente: Zu sehen sind auf Seite A – von oben nach unten und von links nach rechts betrachtet – die Verkündigung an Maria, die Geburt Christi, die Verklärung auf dem Berg Tabor, die Darbringung im Tempel und die Taufe. Seite B zeigt auf dem unteren Stamm des Kreuzes eine Anastasis und darüber, auf dem Balken und dem oberen Ende des Stammes, die Himmelfahrt Christi. Das innere Kreuz operiert hingegen auf einer stärker zeichenhaften Ver-

---

63 Für das späte Mittelalter ist dies bereits mehrfach diskutiert worden, siehe etwa Reudenbach 1999; Rimmele 2018; zu frühchristlichen Verschaltungen von Bildern außerhalb des liturgischen Gebrauchs und der Liturgie in Spätantike / frühem Christentum Krueger 2015.

64 Sofia, Archäologisches Nationalmuseum, Inv.-Nr. 4882. Siehe Tschilingirov 1982; Cutler / Spieser 1996, S. 24, 26–27; Klein 2004, S. 159 (mit weiteren Literaturhinweisen), 201, 238, Abb. 56. Für den Hinweis auf die Staurothek von Pliska geht mein herzlichster Dank an Stefanie Rabe.

65 Niello ist eine Technik, bei der eine Mischung aus Silber, Kupfer, Blei und Schwefel in zuvor gravierte Vertiefungen – also die zu färbenden Linien und Flächen des Bildes – eingebracht und dann auf das Trägermetall, in der Regel Silber oder Gold, aufgeschmolzen wird.

66 Die Bezeichnung der Seiten basiert auf der chronologischen Abfolge der Darstellungen; welche Seite tatsächlich nach vorne weisend getragen wurde, falls das Objekt als Anhänger einer Halskette diente, ist unklar. Denkbar ist, dass die Kette je nach Anlass gewendet wurde, so dass mal die Seite mit der Transfiguration, mal die Seite mit der Himmelfahrt nach vorne wies.

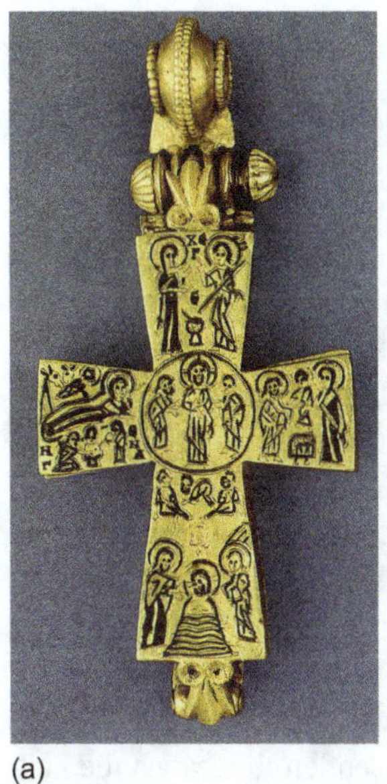
(a)

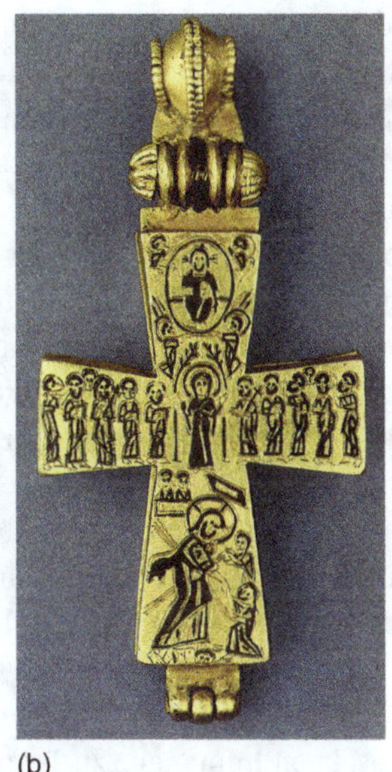
(b)

Abb. 7a–b: Staurothek aus Pliska, äußere Kapsel, Seite A und B, 9./10. Jh., Gold, Niello, äußere Kapsel: 4,2 x 3,2 cm. Sofia, Archäologisches Nationalmuseum, Inv.-Nr. 4882. Bilder: Cutler / Spieser 1996, S. 26.

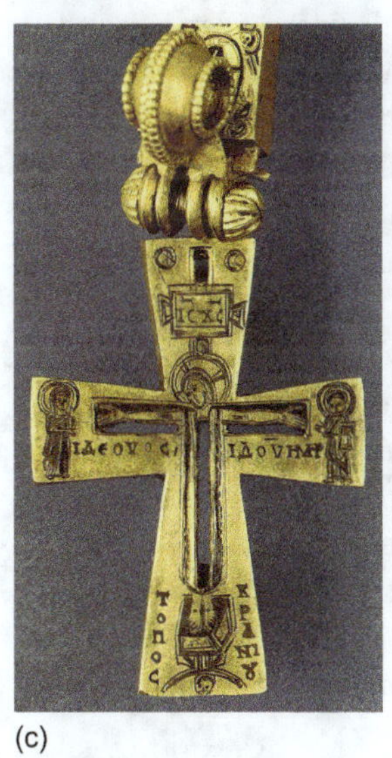
(c)

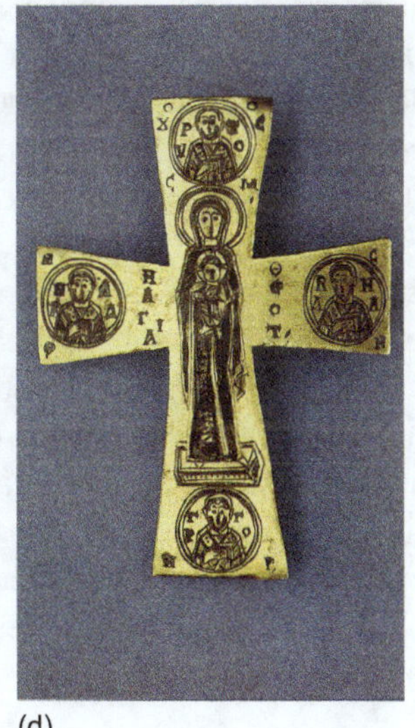
(d)

Abb. 7c–d: Staurothek aus Pliska, innere Kapsel, Seite C und D, 9./10. Jh., Gold, Niello, äußere Kapsel: 4,2 x 3,2 cm. Sofia, Archäologisches Nationalmuseum, Inv.-Nr. 4882. Bilder: Cutler / Spieser 1996, S. 27.

mittlungsebene und ruft damit das Transzendente auf. Die dort zu sehenden Darstellungen von Christus am Kreuz auf der Vorderseite (C) und Maria mit Kind im Kreise der Kirchenväter auf der Rückseite (D) liegen dem in der Staurothek verwahrten Kreuzesholz am nächsten und verweisen zeichenhaft auf Erlösung und heilsgeschichtliche Vollendung. Hinsichtlich des Sehens von Geschichte ist die Gestaltung von Seite C besonders interessant: Aussparungen im Metall gestatteten dort den Blick auf die einst in der Kapsel verstaute Reliquie. Das Christus tragende Kreuz war beim Betrachten dieser Seite also dreimal zu sehen: bildlich als Form des Behälters und als in Niello gefertigte Darstellung sowie als Partikel des ‚wahren‘ Kreuzes. Die Kreuzesdarstellung und das Kreuzesholz wurden überblendet, wodurch der bildliche Leib Christi am wahren Kreuz hing und die Vergangenheit über die Realie angeschaut und materialiter vergegenwärtigt werden konnte.[67] Dem Blick der Gegenwart wurde ein Ausblick auf ein historisches Artefakt ermöglicht, das zudem Gewährsobjekt der noch bevorstehenden Erlösung der Gläubigen ist.

Neben diesem das gesamte Artefakt einbeziehenden, sich von außen nach innen vollziehenden Wechsel von Immanenz zu Transzendenz, der auch die Zeitebenen betrifft, da das Historische vom Überzeitlichen abgelöst wird, lässt sich noch ein weiterer Moment des temporalen In-Beziehung-Setzens ausmachen. Den aufmerksamen (zeitgenössischen) Betrachter:innen dürfte nicht verborgen geblieben sein, dass die auf Seite A zu sehenden Bilder auf zweierlei Weise zu einer stimmigen Folge aneinandergereiht werden können. In beiden Fällen ist der Ausgangspunkt die oben positionierte Darstellung der Verkündigung der Geburt Christi an Maria durch den Engel. Betrachtet man die Szenen gemäß der historischen Chronologie der Ereignisse, ist das nächste Bild die auf dem linken Kreuzesarm dargestellte Geburt Christi. Hieran schließen sich die Darbringung im Tempel, die sich auf dem rechten Arm befindet, und die Taufe Christi auf dem unteren Ende des Kreuzstammes an. Die Verklärung (Transfiguration) Christi ist die letzte Episode in dieser chronologisch-historischen Betrachtungsweise, sie wurde prominent ins Zentrum gesetzt. Dieser Platz ist aufgrund der mittigen Position Christi am Kreuz am höchsten bewertet, und so wird die Transfiguration als das bedeutendste der fünf dargestellten Ereignisse markiert.

Die Darstellungen auf der äußeren Kreuzkapsel zeigen Ereignisse der ferneren Vergangenheit, die zugleich Teil einer auf ein zukünftiges Ziel zulaufenden Weltgeschichte sind. Am Ende steht die Erfüllung des Heilsversprechens. Zeit ist in diesem Kontext als Wandel aufgefasst, ein Vorher wird zum Nachher. Deutlich

---

67 Über die Bedeutung von ‚Materialien der Geschichte‘ und ihrer Verehrung am Beispiel von Mitbringseln aus dem Heiligen Land schreibt Kruger 2015.

wird dies in der weiteren Bildfolge, aber schon die Gloriole, über die der sich verändernde Status Christi nachvollziehbar wird, deutet darauf hin: Auf der Vorderseite ist Christus gemeinsam mit Mose und Elias in der Mitte des Kreuzes von einer kreisförmigen Gloriole eingeschlossen, auf der Rückseite ist der Christus umgebende Lichtkranz nun als Oval gestaltet und oben, am höchsten Punkt des Kreuzes zu finden. Die Einheit aus Christus und Gloriole vollzieht also den nach oben, gen Himmel gerichteten Ortswechsel nach, der ebenso in der Erzählung stattfindet. Auf der Rückseite nimmt Maria dann jenen Ort ein, der auf der Vorderseite Christus in der Gloriole vorbehalten war – und damit wird ebenfalls etwas markiert: Nachdem Christus in den Himmel aufgefahren ist, verbleibt Maria auf Erden. Sie verweilt unter den Gläubigen, und kann, anders als Christus, der körperlich nicht mehr verfügbar ist, zumindest bis zu ihrer eigenen Himmelfahrt unmittelbar verehrt werden. Veränderung und damit Wandel als zeitliche Kategorie wird so über die chronologische Abfolge der Ereignisse hinaus visuell wahrnehmbar.

Neben der Betrachtung der Bilder in der Abfolge der historischen Ereignisse können die Bilder auf Seite A alternativ in eine dem Zyklus des Kirchenjahres entsprechende Reihung gebracht werden. Denn die dargestellten Szenen sind nicht nur historische Momente, sie stehen zudem für jährlich wiederkehrende Termine im liturgischen Kalender. Setzt man noch einmal neu an, nun aber mit der liturgisch-kalendarischen Perspektive, und beginnt wieder oben bei der Verkündigung an Maria, ergibt sich eine andere Ordnung: Die Verkündigung (oben) wird am 25. März begangen, es folgen die Geburt Christi (links) am 25. Dezember, die Taufe (unten) am 13. Januar, die Darbringung im Tempel (rechts) am 2. Februar und die Verklärung (mittig) am 6. August. Die Betrachtung ist nun linksdrehend, also entgegen dem Uhrzeigersinn kreisläufig, es entsteht ein Zyklus. Den Höhepunkt bildet hier wie dort die aus dem Zyklus heraus- und über die Mittelposition hervorgehobene Verklärung.

Motiviert wird die zyklische Betrachtungsweise nicht nur aufgrund der bei den zeitgenössischen Betrachter:innen vorauszusetzenden Kenntnis der religiösen Feiertage, sondern auch rezeptionsästhetisch durch den Lichtkreis der Verklärung, der dem Blick beim Anschauen eine Orientierung bietet. Unterstützend wirkt der Berührungspunkt, an dem sich der Kreuznimbus Christi und die Gloriole überlagern. Die beiden die Kreisformen bildenden Linien liegen auf einem kurzen Abschnitt aufeinander, Licht berührt Licht. Die Stelle, an der die Linien zusammenlaufen, befindet sich direkt unter der Verkündigungsdarstellung, ragt sogar aufgrund der Kreiswölbung leicht in diese Szene hinein und fängt den Blick der Betrachter:innen, bevor dieser sich weiter über das Objekt bewegt.

Der die Staurothek besitzenden Person dürfte diese zeitliche Bifokalität spätestens beim eigenen Durchleben des Kirchenjahres aufgefallen sein. Denn mit

Sicherheit bewirkte eine Betrachtung des Objekts anlässlich der Feier der Verkündigung oder der Taufe Christi noch einmal eine andere Fokussierung auf die dargestellten Szenen und etablierte eine aisthetische Verbindung zwischen Objekt und Festtagsgeschehen. Eine Zeitordnung konnte so leicht in der anderen erkannt werden.

Auf der Vorderseite der Staurothek ergibt sich auf diese Weise eine Harmonisierung unterschiedlicher, doch miteinander verschränkter Zeitordnungen. Die Überblendung der beiden zeitlichen Ordnungen macht visuell nachvollziehbar, wie die Liturgie das Leben und Opfer Christi ins Hier und Jetzt rückt.[68] Die Betrachter:innen werden mit der Entdeckung dieser zweifachen Sichtweise dazu angeregt, das Leben Christi mit dessen Nachvollzug im Kirchenjahr abzugleichen und die in beiden möglichen Folgen herausgehobene Transfiguration vor diesem Hintergrund mit anderem Fokus und anderen Bezügen zu kontemplieren. Die Staurothek weist keine der zwei möglichen Betrachtungsweisen als die alleingültige aus, doch die Überblendung der von Linearität beziehungsweise Zyklizität bestimmten Zeitordnungen verschiebt das, was auf der Vorderseite zu beobachten ist, von der historischen Darstellung auf eine Ebene der Reflexivität. Deutlich wird, dass sich das Kirchenjahr aus den historischen Ereignissen des Lebens Christi formt, ihnen nachträglich ist. Zugleich wird klar differenziert: Das Kirchenjahr ist durchdrungen und geordnet von Geschichte, trägt diese immer wieder erinnernd in die Gegenwart, ist aber nicht Teil derselben.

---

68 Zur Verbindung von Artefakten, Darstellungen, Liturgie und Zeit Krueger 2015.

3 (Un-)Gleichzeitigkeiten

Die in der Staurothek von Pliska gemeinsam sichtbaren Chronologien der Geschichte und des Kirchenjahres lassen unter anderem Fragen nach der Gleichzeitigkeit beziehungsweise Ungleichzeitigkeit von historischem Ereignis und seinem festlichen Gedenken aufkommen. Wie verhält sich das spätere Ereignis zum früheren, welche Abhängigkeiten bestehen? In der auf Harmonisierung der Zeitordnungen fokussierenden Komposition der Staurothek bleiben diese Fragen offen. Andere Artefakte reflektieren diese Themen hingegen ausführlich und wiederum auf höchst unterschiedliche Art. Im Folgenden stehen erneut zwei sich deutlich unterscheidende Objekte im Mittelpunkt, deren Gemeinsamkeit darin besteht, dass sie sich mit dem Vorher und dem Nachher auseinandersetzen. In ihnen lässt sich Zeit als erzeugend und hervorbringend wahrnehmen. Dem Ort kommt dabei, wie zu sehen sein wird, eine besondere Rolle zu: In der Handschrift 688 der Hildesheimer Dombibliothek verbindet eine komplementäre Komposition Handlungen, die sich zur gleichen Zeit, aber an unterschiedlichen Orten vollziehen. Auch das zweite in diesem Kapitel behandelte Werk, der Rogadeo-Ambo in der Kathedrale des süditalienischen Ravello, nutzt den Raum, um komplexe Zeitbezüge zu entwerfen: Über einen dritten Ort und eine dritte Zeit wird das Verhältnis zwischen zwei sich an unterschiedlichen Orten und zu weit auseinander liegenden Zeitpunkten vollziehenden Ereignissen bestimmt. Handschrift und Ambo eint, dass sie mit Leerstellen operieren, die performativ unter Mitwirkung der Betrachter:innen oder im Zuge liturgischer Abläufe gefüllt werden und so die zeitlichen Bezüge reflexiv werden lassen.

3.1 Produktive Verschränkungen

Die sich in der Hildesheimer Handschrift Hs 688[69] ergebenden Zeitbezüge sind das erste Mal von Wolfgang Schneider angesprochen worden. Schneiders Hauptinteresse galt jedoch nicht der Frage nach dem Zeitlichen, sondern den sich gegenseitig ergänzenden Buchmalereien: Für verschiedene Doppelseiten in mehreren Handschriften zeigte er, wie sich der vollständige Sinnzusammenhang der

---

69 Hildesheimer Orationale (nach dem Entstehungsort und dem ersten Teil der Handschrift auch Reichenauer Epistolar genannt), 1. Drittel(?) 11. Jh. (Reichenau), Deckfarben und Gold auf Pergament, 22 x 16,5 cm (Seite) bzw. ca. 14–14,5 x 11,5–12 cm (ganzseitige Bildfelder). Hildesheim, Dombibliothek, Hs 688. Zur Handschrift allgemein Stähli u. a. 1991, S. 129–147 (erneut abgedruckt in Bepler / Härtel 1991, S. 46–66); Kahsnitz 1997; Engel / Gallistl 2009.

einander gegenüberliegenden Einzelbilder erst eröffnet, wenn die Doppelseiten geschlossen werden, die Bilder also aufeinanderliegen.[70] In der Handschrift der Hildesheimer Dombibliothek, die wohl im ersten Drittel des 11. Jahrhunderts auf der Reichenau entstand, ist es die Darstellung von Christus in der Vorhölle auf fol. 57r, die Schneiders Interesse weckte, bei ihm jedoch nur kurz zur Sprache kommt.[71] Sie ist Teil eines doppelseitigen Arrangements; die ihr vorhergehende und zugleich gegenüberliegende Seite 56v zeigt die drei Frauen am Grab (Abb. 8). Neben diesem sind in der Handschrift drei weitere Bildpaare vorhanden, die ebenfalls als ganzseitige Darstellungen auf Doppelseiten angelegt sind. Sie alle sind Teil des dritten und letzten Abschnitts der Handschrift, des Orationale, das sich von fol. 32r bis fol. 95v erstreckt und auf ein Epistolar (fol. 2r–28r) und spätere Einträge (fol. 28r–29v) folgt.

Was Schneider meint, wenn er davon spricht, dass sich beim Schließen der Seiten neue Sinnzusammenhänge ergeben, lässt sich mit einem Blick auf die Darstellungen der Frauen am Grab und der Höllenfahrt nachvollziehen. Die Komposition der Szene auf fol. 56v mutet ungewöhnlich an, da sie einerseits starke Verdichtungen und andererseits leere Bereiche aufweist, für die sich auf den ersten Blick keine Erklärung finden lassen. Eng aneinandergerückt stehen die drei Frauen am linken Bildrand. Sie tragen Heiligenscheine und sind nach rechts gewandt, wo sie den Engel erblicken, der auf dem leeren Grab steht und den Frauen von der Auferstehung Christi berichtet. Zwischen den Frauen und dem Engel befindet sich eine auffällig große Fläche leeren Goldgrundes, in die nur die ausgestreckte Hand des Engels segnend hineinreicht. Überspannt ist dieser Zwischenraum von einer sich hinter einem gewölbten Zinnenkranz erhebenden, silbern gefächerten Kuppel. Zu deren Seiten sind die schlafenden Wächter platziert, die ikonographisch fester Bestandteil der Szene sind, für die aber offenbar trotz des großen Freiraums inmitten des Bildes kein anderer Ort gefunden wurde. Links und rechts am oberen Bildrand vervollständigen kleine Türmchen den architektonischen Hinterbau. Der Grund für die ungewöhnliche Komposition mit den aneinander gedrängten Frauen, der großen goldenen Fläche inmitten des Bildes und den nach oben auf die Architektur ausgelagerten Wachen erschließt sich erst, wenn das gegenüberliegende Bild der Höllenfahrt Christi mit einbezogen

---

70 Schneider 2002, S. 10. Mit dem beim Schließen des Buches erfolgenden Ineinandergreifen (und Zusammendenken) von einander auf Doppelseiten gegenüberstehenden Darstellungen hat sich Schneider auch in zwei 2000 und 2009 publizierten Aufsätzen beschäftigt. Dass das Zusammenlegen, -falten und -klappen ein ästhetischer und performativer Modus war, der nicht erst mit den mittelalterlichen Handschriften einen festen Platz im Kunstschaffen fand, ist mittlerweile weithin bekannt, siehe etwa den Band Ganz / Rimmele 2016.

71 Schneider 2002, S. 10–11.

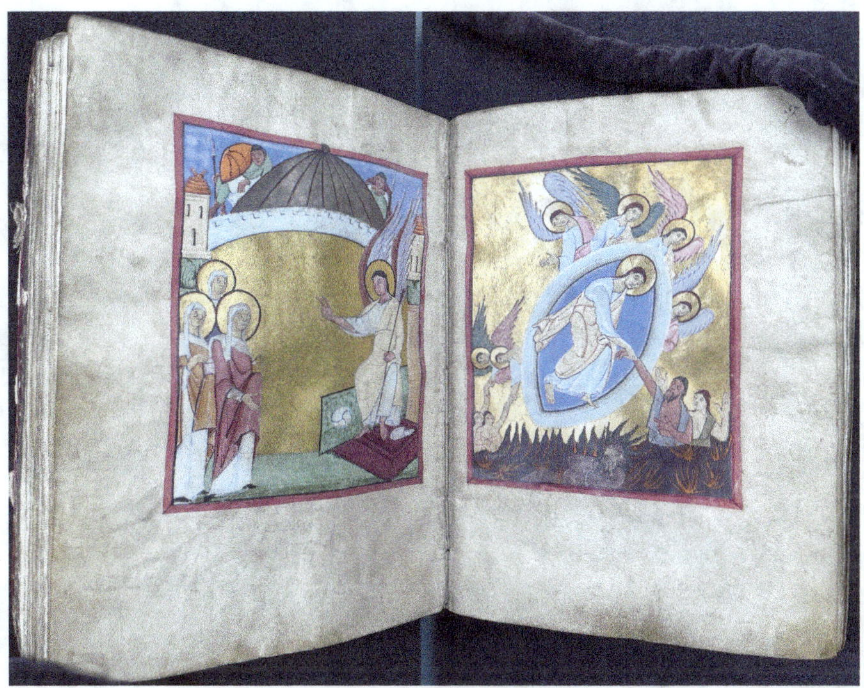

Abb. 8: Leeres Grab und Höllenfahrt Christi, Orationale, 1. Drittel(?) 11. Jh. (Reichenau), Deckfarben und Gold auf Pergament, 22 x 16,5 cm (Seite). Hildesheim, Dombibliothek, Hs 688, fol. 56v–57r. Bild: Daniela Wagner (CC BY-NC-SA 4.0).

wird.[72] Dort, auf fol. 57r, fällt zunächst die große, nach rechts geneigte Mandorla ins Auge. Sie umschließt Christus während seines Abstiegs und bringt so Licht in das Dunkel der Hölle. Vier Engel ragen oben hinter ihr hervor. Christus ist leicht nach vorn gebeugt und umgreift das Handgelenk Adams, der wie die neben ihm stehende Eva nur mit dem Oberkörper aus dem schwarz-roten Flammenmeer hervorragt. Links der Mandorla tun zwei Engel es Christus gleich und ergreifen die Arme eines weiteren Figurenpaares. Direkt unter dem mandelförmigen Lichtkranz liegt der gefesselte Satan in den Flammen. Wie schon auf fol. 56v ist der Bildgrund vergoldet, was einen zweifachen Effekt hat, auf den nur am Rande hingewiesen werden soll: Je nachdem, wie das Licht fällt, bringt der goldene Grund nicht nur den Bereich um die Mandorla zum Glänzen, sondern auch die Aussparungen zwischen den emporlodernden Flammen. So leuchtet die Hölle gleicher-

---

72 Schneider 2002, S. 10–11.

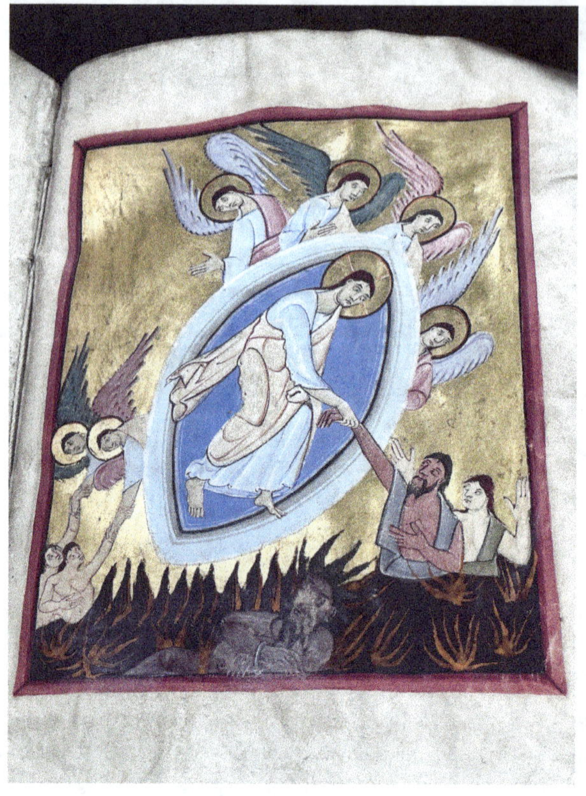

Abb. 9: Goldglanz der Höllenfahrt Christi, Orationale, 1. Drittel(?) 11. Jh. (Reichenau), Deckfarben und Gold auf Pergament, 22 x 16,5 cm (Seite). Hildesheim, Dombibliothek, Hs 688, fol. 57r. Bild: Daniela Wagner (CC BY-NC-SA 4.0).

maßen im von der Mandorla Christi in die Hölle gebrachten himmlischen Licht wie durch die im Gold erglühenden Flammen (Abb. 9).

Die beiden auf der Doppelseite präsentierten Szenen zeigen Ereignisse, die an unterschiedlichen Orten, aber zur gleichen Zeit stattfinden.[73] Das Grab ist leer und Christus ist in der Unterwelt. Betrachtet man die beiden Bilder voneinander isoliert, wird diese in der christlichen Vorstellungswelt durchaus bekannte Gleichzeitigkeit der Ereignisse nicht evident. Erst wenn man die Kompositionen der Bilder als komplementär erkennt, die Medialität des Buches einbezieht und begreift, dass die Mandorla beim Schließen der Doppelseite die Lücke zwischen den Frauen und dem Engel füllt und damit Christus in die Mitte des anderen Bil-

---

73 Schneider 2002, S. 10, schreibt vom selben zeitlichen Moment.

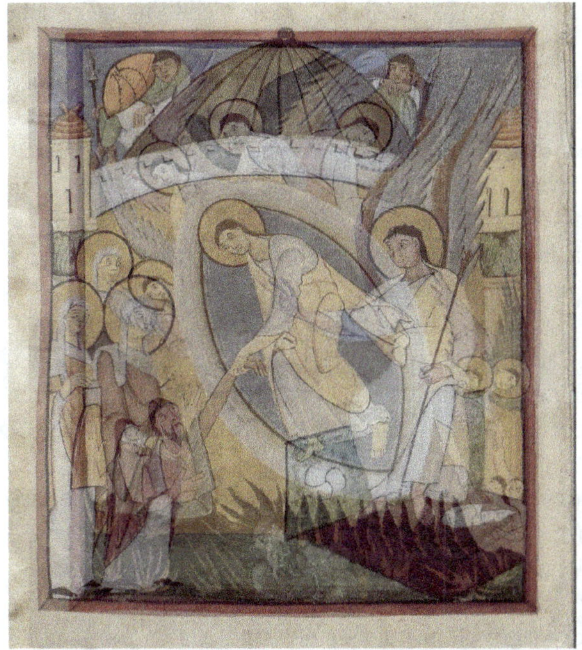

Abb. 10: Fotomontage der aufeinanderliegenden Seiten 56v und 57r. Bilder: Dombibliothek Hildesheim, Montage: Daniela Wagner.

des tritt, wird deutlich, dass Christus in der Unterwelt weilt, *während* die Frauen das leere Grab entdecken. So erklärt sich der Sinn und Zweck der großen leeren Fläche in der Mitte des linken Bildes.

Wie durchdacht die beiden Bilder als einander komplementär ergänzend angelegt sind, zeigt ein Blick auf die Details. Das Ineinandergreifen der Kompositionen kann nur als Fotomontage wiedergegeben werden (Abb. 10), ist aber am Original leicht überprüfbar.[74] Liegen die beiden Seiten aufeinander, füllt die Mandorla die goldene Fläche auf fol. 56v; oben läuft ihr äußerer Bogen entlang des Zinnenbogens, der das leere Feld überspannt. Die ausgestreckten Finger des mit den Frauen sprechenden Engels treffen den Punkt des Leibes Christi, an dem unter der Kleidung die Seitenwunde zu erwarten wäre. Adam und Eva werden ebenfalls in die neue Komposition integriert, sie bilden eine Gemeinschaft mit den Frauen am Grab. Die Hand der im Vordergrund platzierten Frau ruht nun auf der Schulter Adams. So ergibt

---

74 Mein Dank gebührt Philipp Heil, dem Leiter der Handschriftenabteilung der Dombibliothek Hildesheim, der es mir ermöglichte, das Original ausführlich zu studieren und dabei über die Präzision der komplementären Kompositionen zu staunen.

sich eine Ikonographie, in der die Frau Adam Christus anempfiehlt. „Im Ineinander der beiden Seiten", schreibt Schneider, „wird [...] der komplexe Verlauf des Auferstehungsgeschehens unmittelbar gezeigt. [...] Es ist die ganze Menschheit bis hin zu den Frauen, die nun teil hat an dem erlösenden Griff Christi nach Adam und Eva."[75] Das Zusammenfallen der Formen macht das Zusammenfallen der Ereignisse sichtbar und eröffnet zugleich eine erweiterte, die Vollendung und das Heilsversprechen in Aussicht stellende Bedeutungsdimension. Damit werden also nicht nur die zwei Ereignisse als zeitlich parallel ablaufend charakterisiert, sondern auch eine Perspektive auf das Kommende eröffnet und Vergangenheit in Zukunft gewandelt.

Schneider geht nach seiner kurzen Betrachtung von Leerem Grab und Höllenfahrt zu Szenen in anderen Handschriften über, doch es lohnt sich, auf den übrigen Doppelseiten des Hildesheimer Orationale nach vergleichbaren Bezügen zu schauen. Dabei wird deutlich, dass die komplementäre Anlage von fol. 56v und 57r weder ein Zufallsprodukt noch ein einmaliges Experiment war. Wie die Oster-Doppelseite zeigen sie jeweils zwei eigenständige Motive, die in engem thematischem Zusammenhang stehen. Anlässlich des Festes der Geburt des Herrn wird auf fol. 36v die Geburt Christi dargestellt, die gegenüberliegende Seite 37r zeigt die Verkündigung an die Hirten. Den Gebeten zur Feier von Maria Himmelfahrt gehen Darstellungen des Todes und der Himmelfahrt der Gottesmutter voran (fol. 76v und 77r). Das letzte Paar zeigt anlässlich des Allerheiligenfestes die Anbetung des Lammes und die Krönung der Märtyrer, darunter ist König David mit Musikanten zu sehen (fol. 83v und 84r). Auf jeder der Doppelseiten lassen sich formale Beziehungen zwischen den sich gegenüberstehenden Bildern ausmachen. Immer fügen sich die Kompositionen beim Schließen der Seiten ineinander, immer reagiert das eine Bild auf das andere. Mit der temporalen Produktivität der von Schneider untersuchten Osterseiten ist vor allem die Doppelseite mit der Geburt Christi und der Verkündigung an die Hirten vergleichbar. Ihre Darstellungen fügen sich ebenfalls ineinander, wenn die Seiten aufeinander liegen (Abb. 11a–b und 12): Der Engel nimmt jetzt eine Position zwischen dem Christuskind und Maria ein, sein segnender Gestus weist so direkt auf das Kind und auch hier treffen die Finger auf den Punkt, an dem Christus später die Seitenwunde zugefügt werden wird. Der Engel und der stehende Schäfer, die sich im Bild der Verkündigung angesehen haben, blicken beide auf Christus, der sich jetzt mitten in ihrer Sichtachse befindet. Anders als bei den Osterbildern entsteht nicht nur eine neue Komposition: Aus den zwei Ereignissen wird bei ihrem Zusammenfallen durch das Schließen der Blätter ein neues Motiv, das chronologisch auf die links und rechts auf der Doppelseite zu sehenden Ereignisse folgt: Die Anbetung Christi durch die Hirten. Zwei in einem Moment, aber an unterschiedlichen

---

75 Schneider 2002, S. 11.

Orten zusammenfallende Begebenheiten werden zu dem Ereignis, das auf die ersten beiden folgt. Aus zwei Bildern entsteht ein neues aus den Formen der alten. Dass diese an einer Darstellung der Geburt Christi vollzogene generative Überblendung, die de facto von den Betrachter:innen nur imaginiert werden kann, als Sinnbild für die Inkarnation Gottes gelesen wurde, die aus der Einlagerung des Logos in den Körper Marias hervorging und damit eine ähnliche Transformation zweier Elemente zu einem Dritten darstellt, ist nicht unwahrscheinlich.[76]

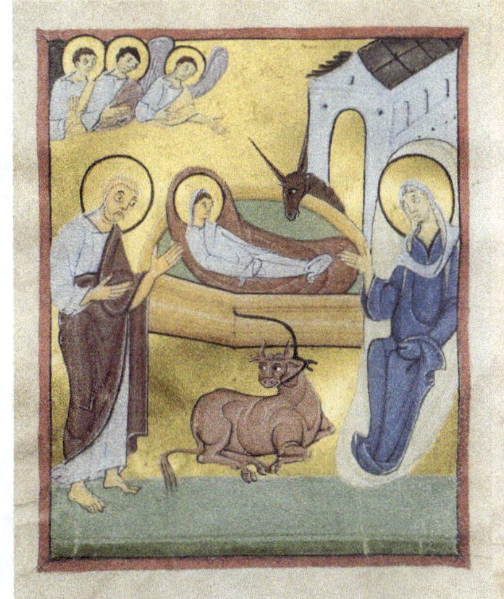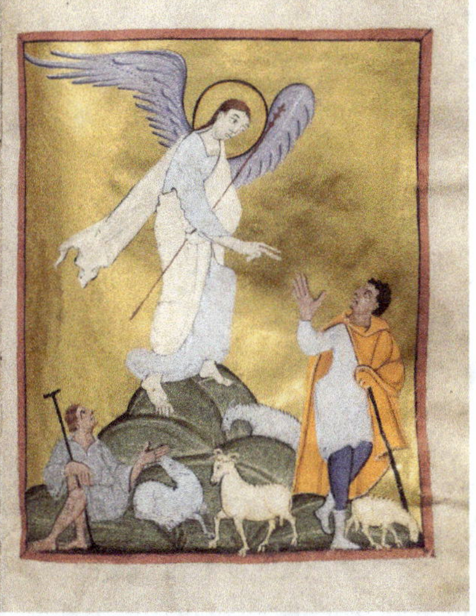

Abb. 11a–b: Geburt Christi und Verkündigung an die Hirten, Orationale, 1. Drittel(?) 11. Jh. (Reichenau), Deckfarben und Gold auf Pergament, 22 x 16,5 cm (Seite). Hildesheim, Dombibliothek, Hs 688, fol. 36v–37r. Bilder: Dombibliothek Hildesheim.

Auf fol. 76v und 77r sind Marias Tod und ihre Aufnahme in den Himmel einander gegenübergestellt. Und vielleicht mehr noch als die sonderbare Leerstelle in der Szene der Auffindung des leeren Grabes, regt die Kreisform, die in jedem der beiden Bilder prominent in der Mitte platziert ist, zu einem Vergleichen und überblendenden Zusammendenken der Darstellungen an (Abb. 13). Im Bild des Marientodes ist es der Kreuznimbus Christi, im Bild der Himmelfahrt die *imago clipeata* mit dem Brustbild Marias, die von Engeln gen Himmel getragen wird. Ist

---

76 Dass sich aus einem anderen generativen Moment, Verkündigung und Empfängnis, auch Analogien zur künstlerischen Produktion ableiten ließen, hat Bloch 2010 anhand der Chellini-Madonna Donatellos umfassend dargelegt.

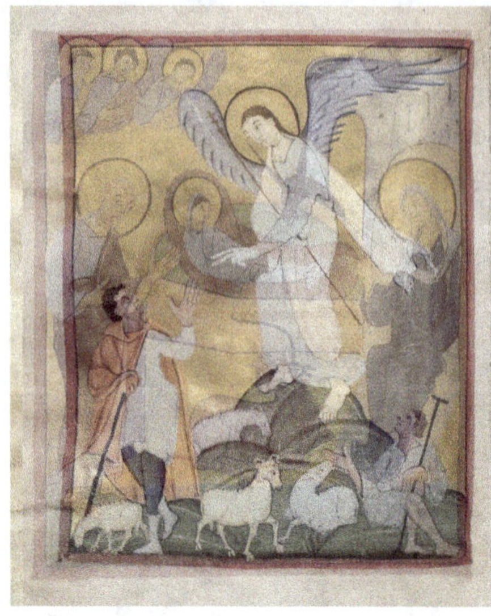

Abb. 12: Fotomontage der aufeinanderliegenden Seiten 36v und 37r. Bilder: Dombibliothek Hildesheim, Montage: Daniela Wagner.

die Doppelseite geschlossen, liegen die Häupter von Mutter und Sohn aufeinander, Kopf und Nimbus Christi gehen im Clipeus auf, Christus wird wieder mit Maria vereint. Über die nun nicht komplementären, sondern korrespondierenden Formen wird eine Analogisierung von Christus und Maria manifest, die sich auf die Himmelfahrt der Muttergottes bezieht. Marias Seele wird bereits im Sterbebild in den Himmel aufgenommen, doch mit dem zweiten Bild wird ersichtlich, dass sie wie bereits Christus vor ihr körperlich in den Himmel auffährt.[77] Hier wie dort füllen die Figuren des einen Bildes die leeren Goldgrundflächen des anderen, wenn die Seiten aufeinanderliegen, obschon nicht mit der gleichen Präzision, wie es auf den zuvor betrachteten Doppelseiten zu beobachten war. Neben Christus erscheinen die den Clipeus haltenden Engel mit ihren nach oben und außen strebenden Flügeln – die Leerstellen im Marientod scheinen wie für sie gemacht. Ähnlich verhält es sich mit der Aussparung zwischen den Marias Seele in Empfang nehmenden Engeln, die beim Zuschlagen der Seiten die Hand Gottes aufnimmt. Die Lücke zwischen den in der Szene der *Assumptio* links und rechts im unteren Bereich des Bildes positionierten Engeln wird von dem liegenden Körper Marias und dem dahinterstehenden Christus gefüllt und die Engel werden mit den Aposteln überblendet. Sie bilden nun eine Gemeinschaft und veranschaulichen damit die Verheißung des Himmels und die Erfüllung dieser Verheißung.

---

77 Kahsnitz 1997, S. 62–63, sieht in der Doppelseite eine zweimalige Darstellung der Auffahrt der Seele in den Himmel.

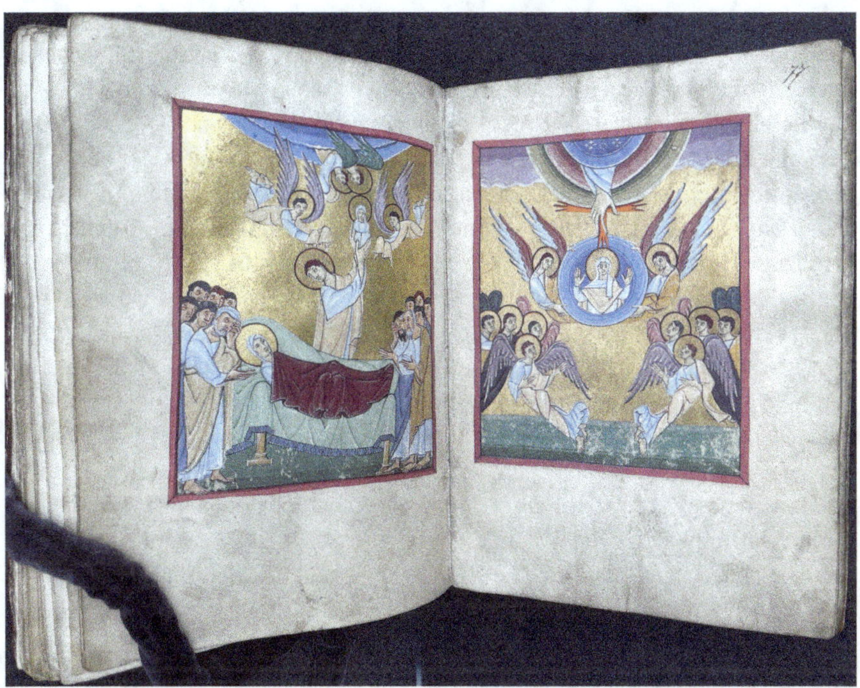

Abb. 13: Tod und Himmelfahrt Mariens, Orationale, 1. Drittel(?) 11. Jh. (Reichenau), Deckfarben und Gold auf Pergament, 22 x 16,5 cm (Seite). Hildesheim, Dombibliothek, Hs 688, fol. 76v–77r. Bild: Daniela Wagner (CC BY-NC-SA 4.0).

Waren die ersten beiden Doppelseiten gänzlich in der chronologisch-historischen Zeit des Diesseits verortet und hat die dritte den Übergang in das Jenseitige und damit in eine andere Art von Zeit visualisiert, so liegen die in der vierten und letzten Doppelseite gezeigten Szenen gänzlich im Bereich des Himmlischen. Damit befinden sie sich in einer temporalen Andersartigkeit, denn die linear auf einen Zielpunkt hinlaufende Konzeption von Zeit als Geschichte besitzt im Jenseitigen keine Gültigkeit. Links zeigt fol. 83v die Anbetung des Lammes (Abb. 14a–b). Das Bildfeld ist in zwei Register aufgeteilt, oben wie unten stehen sich zwei Figurengruppen[78]

---

[78] Gemeint sind wohl die Gerechten, die nach Off 7 um den Thron des Lammes versammelt sind. Kahsnitz 1997, S. 85–86, sieht in den um das Lamm versammelten Figuren auf fol. 83v Vertreter der christlichen Stände, die sich unter der Leitung von Erzbischof und gekrönter Frau „zur göttlichen Liturgie, zur Anbetung des Lammes, versammelt haben – nicht als Heilige, die im modernen Verständnis des Allerheiligenbildes kraft ihrer Verdienste bei Gott im Himmel weilen und Verehrung von den Gläubigen erwarten dürfen, sondern als Heilige im Sinne ihrer Zugehörigkeit zur Kirche."

gegenüber, deren Blicke sich auf das in der Bildmitte in einem Medaillon platzierte Lamm Gottes richten. In diesem Bild sind erneut ungewöhnlich große Bereiche leeren Goldgrundes zwischen den Figurengruppen zu sehen. Sie werden von den Figuren der ebenfalls in zwei Register geteilten gegenüberliegenden Seite gefüllt. Beim Zusammenklappen der Seiten tritt die Maiestas Domini in die Lücke des oberen Registers, in den unbesetzten Bereich des unteren Registers zieht der die Harfe spielende König David ein. Wieder kommt es zu Überblendungen: Das Medaillon mit dem Lamm legt sich direkt unter die Wölbung des Christus als Thron dienenden Bogens, Christi Füße ruhen damit auf dem Lamm. Der Kopf Davids wird von dem um das Lamm liegenden Kreis eingeschlossen. Die Vortragekreuze der beiden oberen Figurengruppen auf fol. 83v treffen auf die Köpfe des Johannesadlers und des Matthäus repräsentierenden Menschen, die oben hinter der Mandorla hervorschauen. Die im unteren Register von fol. 83v geschwungenen Rauchfässer pendeln nicht mehr ins Leere, sondern flankieren König David. Beim Zusammenfallen der Seiten wird eine verdichtete Beschreibung der Anbetung des Lammes erzeugt, wie sie in der Offenbarung des Johannes zu lesen ist. Zeitliche Beziehungen werden nicht reflektiert, auch lassen sich die Darstellungen der beiden Seiten nicht unterschiedlichen Orten zuweisen. Begründen lässt sich dies mit der räumlichen und zeitlichen Andersartigkeit der himmlischen Sphäre, in der beide Szenen angesiedelt sind. Augenfällig wird die Einheit von Zeit und Ort vor allem, da in den vorhergehenden Bildpaaren nur die Zeit, nicht aber der Ort übereinstimmten. Zeit und Ort wurden gerade in den ersten beiden Bild-Doppelseiten derart prominent ästhetisch reflektiert, dass auffallen muss, dass dem an dieser Stelle nicht so ist. Tatsächlich lässt sich in der Gesamtfolge eine langsame Bewegung oder Überführung der Perspektive vom Diesseitigen zum Jenseitigen ausmachen. Werden im ersten Doppelbild noch geschichtliche Ereignisse gezeigt und generiert, so nimmt das Osterpaar die Erfüllung des durch die Geburt Christi vorbereiteten Erlösungsversprechens in den Blick. Mit der *Assumptio*-Doppelseite wird der Übergang zwischen Diesseits und Jenseits konkretisiert, während die den Abschnitt zu Allerheiligen einleitenden Bilder bereits beide ein jenseitiges Geschehen darstellen. Eine graduelle Veränderung der Zeit- und Ortsbeziehungen zwischen den Einzelbildern auf den Doppelseiten lässt den Vollzug der Sequenz zu einem Vollzug der Transition zwischen Versprechung und Erfüllung, Gegenwart und Zukunft werden.

Dass Bücher Objekte sind, die die Aktivität ihrer Benutzer:innen einfordern, das heißt, die geöffnet, geblättert und geschlossen werden müssen und wollen, ist seit langem bekannt und steht immer wieder im Fokus der Forschung.[79] Das Rei-

---

79 Neben den Arbeiten von Schneider etwa Ganz 2016; Stanton 2011; Tumanov 2017; in Bezug auf neuzeitliche Momente des Umblätterns Weltzien 2018.

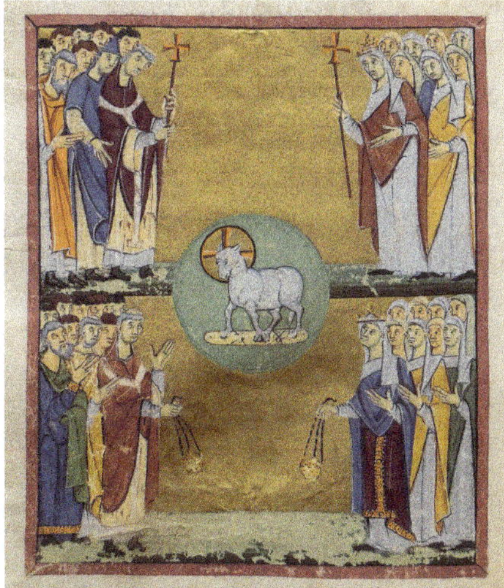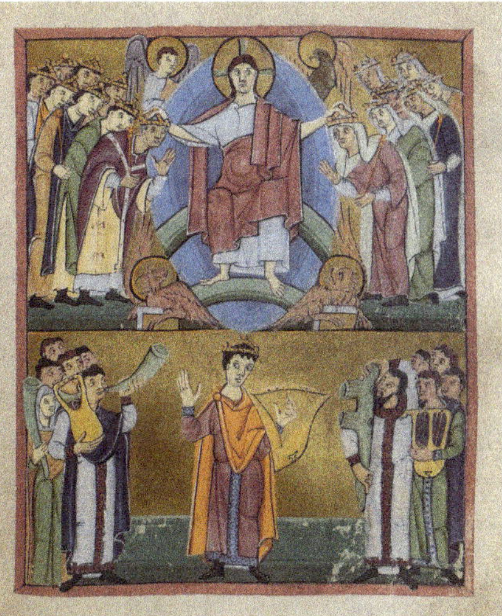

Abb. 14a–b: Anbetung des Lammes und Maiestas Domini, Orationale, 1. Drittel(?) 11. Jh. (Reichenau), Deckfarben und Gold auf Pergament, 22 x 16,5 cm (Seite). Hildesheim, Dombibliothek, Hs 688, fol. 83v–84r. Bilder: Dombibliothek Hildesheim.

chenauer Orationale erweist sich als ein performatives Medium par excellence, das die Mitwirkung seiner Benutzer:innen bei der Bildproduktion mit einkalkuliert. Dabei ist es zweitrangig, ob das Buch gebraucht und wie häufig es geöffnet und geschlossen wurde. „Denn die [...] Strukturen markieren", wie David Ganz betont, „ein topologisches Potential möglicher Bewegungen."[80] Zentral ist also weniger, ob seine Konfigurationen von den Zeitgenossen wahrgenommen wurden, als vielmehr die Tatsache, dass sie in dem Buch angelegt sind. Anders ausgedrückt: Selbst wenn heute nicht mehr rekonstruierbar ist, wie und von wem ein Objekt gebraucht wurde, zeugt das Vorhandensein ästhetischer Konfigurationen in der Hildesheimer Handschrift Hs 688 davon, dass Zeit von den Konzepteuren und Malern auf der Reichenau über Beziehungen gedacht und bildästhetisch realisiert wurde.

3.2 Lücken und Leerstellen als temporale Verbindungen

Wie die Hildesheimer Handschrift Hs 688 setzt der Rogadeo-Ambo in der Kathedrale von Ravello auf die Mitwirkung von Akteur:innen, um die in ihm angelegten

---

80 Ganz 2016, S. 81.

Möglichkeiten auszureizen und alle zeitlichen Bezüge offenzulegen.[81] Eine weitere Gemeinsamkeit mit Hs 688 oder zumindest einigen ihrer Darstellungen besteht darin, dass auch im Ambo den Leerstellen eine gewichtige Rolle zukommt. Sie erweisen sich als ein zwischen den Zeitpunkten vermittelndes Bindeglied.

Der von Bischof Constantin Rogadeo während seiner Amtszeit (1095–1150) gestiftete Ambo (Abb. 15) befindet sich auf der Nordseite des Mittelschiffs in etwa mittlerer Höhe; ihm gegenüber liegt die 1272 von Nicola di Bartolomeo di Foggia erbaute Kanzel. Der Ambo ist aus Marmor mit Einlegearbeiten aus *opus tessellatum* und *opus sectile* gefertigt; das von dem Johannes-Adler gestützte Pult auf einer halbrunden Auskragung ist über zwei seitliche Treppenläufe erreichbar. Die ungeschmückte Rückseite wurde um eine der Säulen gebaut, die das Haupt- vom Seitenschiff trennen. Die südliche, zum Mittelschiff hin gewandte Front des Ambos ist in zwei Zonen gegliedert. Der untere Bereich ist in der Mitte von einer rundbogigen Öffnung unterbrochen, so dass die gesamte Form an eine Brücke erinnert. Gerahmt wird diese Öffnung von zwei in *opus sectile* gearbeiteten Säulen und zwei darüber platzierten Pfauen, die ein leeres Schriftband zwischen ihren Schnäbeln halten. Ähnliche Säulen schmücken die Pfosten der Treppenaufgänge. Links und rechts sind Inkrustationen im Stile der Cosmaten zu sehen. Sie zeigen eine liegende Acht, die von einem rechteckigen Rahmen umgeben ist. Die obere Zone besteht aus zwei trapezförmigen Paneelen mit Jona-Darstellungen,[82] die den in der Mitte hervorkragenden halbrunden Balkon mit dem Lesepult flankieren. Entgegen der zu erwartenden Leserichtung wird Jona rechts vom Seeungeheuer verschluckt und links ausgespien.[83] Die Darstellung folgt der frühchristlichen Tradition und zeigt das Tier nicht als Fisch, sondern als *ketos*, als monströses Fabelwesen mit einem langen, sich schlangenartig windenden Leib, Flügeln, Hörnern und spitzen Zähnen.[84] Der helle Marmor, in den die beiden Jona-Figuren, das Seeungeheuer und die beiden auf der linken Platte schwimmenden Fische in *opus*

---

81 Zum Rogadeo-Ambo Glass 1976; Zchomelidse 2014; Scirocco 2015.

82 Zu Jona und seinen Darstellungen (oftmals mit Fokus auf das frühe Christentum) Mitius 1897; Rosenau 1961; Lawrence 1962; Paul u. a. 1970; Glass 1976, S. 185–186; Speigl 1978; Narkiss 1979; Wischmeyer 1981; Dassmann 1998; Engemann 1998; Steffen 1963 und 1994.

83 Es ist möglich, dass sich der Rogadeo-Ambo früher auf der Südseite des Hauptschiffes befand und umgesetzt wurde, als die neue Kanzel von Nicola di Bartolomeo di Foggia errichtet wurde. Begründet wird die Annahme mit der entgegen der üblichen Leserichtung gesetzten Anordnung der Jona-Szenen, die links die Ausspeiung und rechts die Verschlingung zeigt; hierzu Scirocco 2015.

84 Der Begriff *ketos* wird im griechischen Text der Bibel verwendet. Die Erscheinungsform lässt Steffen 1994, S. 67, an die Andromeda-Sage denken, in der das Seeungeheuer *ketos* auftritt. Des Weiteren zum *ketos* in der Jona-Erzählung Lawrence 1962, S. 294–296.

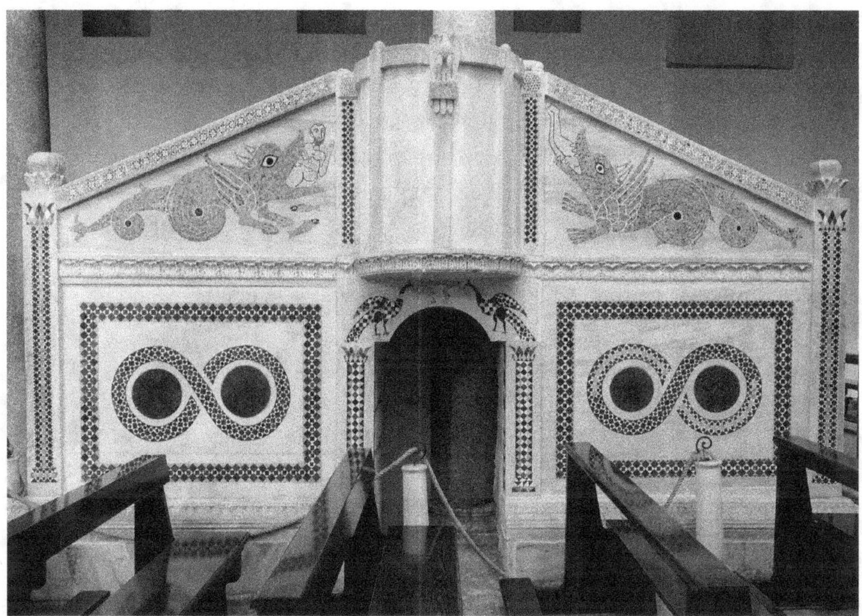

Abb. 15: Rogadeo-Ambo, gestiftet zwischen 1095 und 1150, Marmor mit Einlegearbeiten. Ravello, Santa Maria Assunta, Mittelschiff. Bild: Arnoldius via Wikimedia: https://commons.wikimedia.org/wiki/File:Ravello_Dom_St_Pantaleon_intern.jpg (letzter Zugriff 26.07.2025), https://creativecommons.org/licenses/by-sa/3.0/deed.en.

tesselatum gesetzt sind, ist von gräulichen Bändern durchzogen, wodurch auf natürliche Weise den Eindruck von Wasser erweckt wird.[85]

Schon im Zuge dieser kurzen Beschreibung dürfte deutlich geworden sein, dass die Gestaltung des Ambos auf die Osterliturgie zugeschnitten ist.[86] Die Forschung hat das Zusammenspiel von Text, Artefakt und Handlung sowie die Bedeutung der Jona-Erzählung in der Osterliturgie der kampanischen Region bereits seit längerem als Besonderheit erkannt: Der Text wurde deutlich stärker fokussiert als etwa im römischen Ritus üblich und zudem in der gesamten Osterwoche gelesen, Osterleuchtern und Bezug auf Jona nehmenden Ambos kam eine zentrale Rolle zu.[87] Vor diesem Hintergrund wird nachvollziehbar, dass es zahlreiche Jona-Darstellungen auf Ambos in dieser Region gibt und diese bildlichen Eingang

---

85 Zum Vergleich von derart geädertem Marmor mit Wasser Barry 2007.

86 Glass 1976; Kelly 1996; Zchomelidse 2014; Scirocco 2015.

87 Kelly 1996, S. 83–84; Zchomelidse 2014, zur Bedeutung des Ambos dort S. 8–33; Irving 2024; Orofino / Valli / Tangari 2024.

in die in der Osterliturgie benutzten Exsultet-Rollen fanden.[88] Eher indirekt berücksichtigte die Forschung bis dato die zeitlichen Dimensionen und Aspekte, die im Rogadeo-Ambo zusammenfinden. Dort ist neben den beiden historischen Ereignissen – der verschluckte und wieder ausgespiene Jona sowie Tod und Auferstehung Christi – noch ein dritter Zeitpunkt einkalkuliert, die Gegenwart. Sie erfährt bei jedem Osterfest Aktualisierung, denn obwohl, wie Nino Zchomelidse schreibt, sich die typologische Referenz auf das zentrale Dogma des christlichen Glaubens in der Ausgestaltung des Jona-Ambos im gesamten Jahr zeigt, enthüllte sich die symbolische und liturgische Bedeutung vollends erst während der Osterfeier.[89]

Deutlich wird dies über die Typologie Jona – Christus: Jona, der vor dem prophetischen Auftrag Gottes zu fliehen versucht, verbringt drei Tage im Bauch des Fisches, Christus ersteht nach drei Tagen auf. Auf die Beziehung zwischen Jona und Christus wird bereits in den Evangelien hingewiesen. Bei Matthäus heißt es: „So wie nämlich Jona drei Tage und drei Nächte im Bauch des Walfischs war, so wird der Menschensohn drei Tage und drei Nächte im Herzen der Erde sein"[90] (Mt 12,40) und in Lk 11,29–30 wird Jona als ein auf Christus deutendes Zeichen benannt. Aus der architektonischen Beziehung des aus der Fläche hervorragenden Balkons mit dem Lesepult und der sich direkt darunter öffnenden Nische, die ein Hineintreten ermöglicht,[91] ergibt sich eine ins Architektonische übertragene Analogie zu der Hinein- und Hinausbewegung der Jona-Szenen. In der räumlichen Ausrichtung finden sich ebenfalls Entsprechungen: Die ein Hineintreten ermöglichende Nische befindet sich unten und verbindet sich auf diese Weise mit Jona, der kopfüber und sich hinab bewegend vom Fisch verschluckt wird. Im oben am Ambo auskragenden Korb wiederum fängt sich die nach oben gerichtete Bewegung des aus dem Fisch herausgespienen Propheten. Unabhängig von dieser – meines Wissens bisher noch nicht weiter untersuchten Analogie zwischen Architektur und Ikonographie des Rogadeo-Ambos – wird die Rundbogenöffnung als Grab Christi gedeutet.[92] Die Kombination mit Jona legt diese Betrachtungsweise nahe, ein weiteres Argument sind die an dieser Stelle als Symbol der Auferstehung und des ewigen Lebens zu verstehen-

---

88 Dazu u. a. Scirocco 2015, S. 101–108; Irving 2024; Orofino 2024; zum Exsultet in Süditalien grundsätzlich Kelly 1996.

89 Zchomelidse 2014, S. 10.

90 „sicut enim fuit Ionas in ventre ceti tribus diebus et tribus noctibus | sic erit Filius hominis in corde terrae tribus diebus et tribus noctibus".

91 Da der rückwärtige Bereich des Ambos allerdings um eine der Säulen des Mittelschiffs gebaut wurde und diese gewissermaßen in der Nische steht, ist der Raum in der Nische begrenzt.

92 Zchomelidse 2014, S. 11.

den Pfauen.[93] Hinzu kommt die Osterliturgie, in der sich verschiedene Zeitpunkte verbinden: Am Karfreitag wird anlässlich des Todes und der Grablegung Christi ein Bogen zum Antitypus des verschluckten Jona geschlagen. Das leere Grab in der Mitte des Ambos tritt als Zeichen des Dazwischen hervor. Vergleichen lässt es sich mit dem liminalen Zustand Jonas im Bauch des Fisches.

Bezeichnend für das (bild)künstlerische Nachdenken über das Zeitliche ist, wie die architektonische Konstruktion des Ambos genutzt wird, um die typologische Verknüpfung zwischen Altem und Neuem Testament anschaulich zu machen. Damit gewinnt das Zeitliche im Ambo eine konstruktive Bedeutung: So sind das Lesepult mit dem Johannes-Adler und das Grab auf der vertikalen Achse übereinandergesetzt, die Jona-Szenen hingegen bilden eine diese durchkreuzende horizontale Achse. Der Schnittpunkt beider Achsen liegt auf dem hervorkragenden Balkon und damit auf dem das Evangelium verlesenden Diakon, Priester oder Bischof[94] respektive dem verlesenen Wort. Betont wird diese Verknüpfung durch den Adler des Johannes, der das Lesepult stützt, verweist doch der Anfang des Johannesevangeliums – „Am Anfang war das Wort und das Wort war bei Gott" (Joh 1,1)[95] – ebenfalls auf den Logos.[96] Über diesen ist wiederum eine Verbindung zu Christus gelegt, der die Fleischwerdung des Wortes Gottes ist.

Das sich am Ambo zeigende Zusammenspiel der Bilder und Bauformen lässt an den von Marius Rimmele herangezogenen Vergleich der Zeit mit einem gefalteten Tuch denken, durch das die Typologie wie eine Nadel sticht, um die Ereignisse aneinanderzurücken und den Zusammenhang zwischen dem Früheren und dem Späteren besser sichtbar zu machen.[97] Im Rogadeo-Ambo ist es die typologi-

---

93 Zum einen kommt hier Plinius: Naturkunde, XX,20, ins Spiel, der die jährliche Erneuerung des prachtvollen Gefieders als Wiedergeburt beschreibt; meines Wissens im christlichen Kontext erst seit Augustinus nachweisbar ist die Annahme, dass sein Fleisch nicht verrottet (Augustinus: Gottesstaat, 21,4 und 7). Zur vielfältigen Symbolik des Pfaus siehe etwa Engemann 1993; Böhme 2007, S. 60–64.

94 Da der Verlesung der Evangelien höchste Priorität zukam, war der höchste Ort für diese Handlung vorgesehen, die zudem von den ranghöchsten Geistlichen ausgeführt werden sollte. Die Lesung der Epistel fand auf einer tiefergelegenen Stufe statt und wurde von einem rangniederen Geistlichen wie dem Diakon oder Subdiakon vorgenommen. Auch die Vorsänger fanden ihren Platz nicht am Lesepult eines Ambos, sondern etwas niedriger positioniert auf den Stufen. Siehe hierzu Suntrup 1978, S. 198–205; mit Bezug auf den Rogadeo-Ambo Scirocco 2015.

95 „In principio erat Verbum | et Verbum erat apud Deum".

96 Zur Inszenierung des Logos auf dem Rogadeo-Ambo Zchomelidse 2014, bes. S. 10–11.

97 Rimmele 2018, S. 48–49; der ebd. von dem Sichtbarmachen von Ursache und Wirkung spricht, was für den hier besprochenen Fall Jona / Christus nicht zutrifft, ist Jona doch nicht Ursache, sondern Zeichen des Späteren. Der Vergleich der Zeit mit dem Textilen oder textilen Praktiken ist bereits seit der Antike bekannt, zu denken ist etwa an die Moiren, die den Lebensfaden spinnen, messen und schneiden. Andere sprechen hinsichtlich der in der Osternacht adressierten his-

sche Beziehung, die durch die zuvor beschriebene Kreuzung der Achsen des Alten und des Neuen Testaments anschaulich wird: Das Alte Testament erscheint als Ausgangspunkt, der im Neuen Testament mit Ziel der Vollendung fortgeschrieben wird.[98] Die Punkte, an denen der ‚Stich‘ zur Verknüpfung der Zeiten gesetzt wird, sind die Leerstellen, der Bauch des Fisches und das Leere Grab. Wenngleich nicht zu sehen, ist in beiden Fällen bekannt, was geschieht: Christus ist auferstanden und in die Unterwelt hinabgefahren, um die gerechten Seelen zu befreien, und Jona, dem eine solche übernatürliche Mobilität nicht zukommt, ist im Fisch gefangen, wo er betet. Im Bild beziehungsweise in den Bildern, die uns der Roga-deo-Ambo zeigt, werden diese Zwischenzeiten jedoch nicht auserzählt, die Lücken sind bewusst angelegt, damit sie imaginativ und liturgisch gefüllt werden können.[99] Der Liturgie kommt an dieser Stelle die Rolle der Nadel zu, die durch die ungleichzeitigen Ereignisse sticht, sie auffädelt und damit performativ das Auferstehungswunder memoriert, veranschaulicht und erlebbar macht.[100] Geschichte und Geschichtlichkeit werden anschaulich zueinander in Beziehung gesetzt, mit der liturgischen Feier als ihrem jeweils aktuellen Punkt. Doch die Lücke lässt Zeit nicht nur historisch, sondern auch sinnlich wahrnehmbar werden. Deutlich wird dies im Vergleich mit der Hildesheimer Handschrift: In der Oster-Doppelseite mit dem leeren Grab auf der einen und Christus in der Unterwelt auf der anderen Seite werden Handlungen an unterschiedlichen Orten über ihre Gleichzeitigkeit miteinander verbunden. Die Lücke am leeren Grab ist eine räumliche, in die über das Schließen der Seiten das an einem anderen Ort zur gleichen Zeit Geschehende gesetzt wird. Der Ambo hingegen besitzt temporale Leerstellen und bringt unter-

---

torischen Ereignisse von dem Ineinanderfallen von Zeitpunkten (Markschies 2020, S. 85–86) oder von Zeitebenen, die sich ineinanderschieben (Gerhards 2005). ‚Ineinanderfallen‘ suggeriert jedoch etwas Passives und rückt damit in den Hintergrund, dass es sich (aus der Perspektive der Gläubigen) um ein von Gott gelenktes oder (aus der Perspektive der Forschung) narrativ, liturgisch und theologisch konstruiertes Geschehen handelt. Die Vorstellung der sich ineinanderschiebenden Zeitebenen wiederum lässt an voneinander getrennte Epochen denken und lässt offen, wie die historische Kontinuität zu denken ist.

98 Zur Typologie und dem Aspekt des Neuen Testaments als Fortschreibung des Alten siehe Mohnhaupt 2000, bes. S. 13–35.

99 Auch ikonographisch bleibt Jonas Beten meist eine Leerstelle, es wird nur selten dargestellt. Eine Darstellung im Chludov Psalter, Mitte 9. Jh., Moskau, Historisches Museum, MS gr.129, fol. 157r zeigt Jona im Bauch des Fisches. Eine Abbildung findet sich im Index of Medieval Art, System Number 57036, https://theindex.princeton.edu/home.action (letzter Zugriff 15.06.2025).

100 Siehe Reudenbach 1999, S. 29, der sich auf spätmittelalterliche Artefakte und Feierlichkeiten bezieht und unter anderem diskutiert, wie der Märtyrertod des Stephanus und die Geburt Christi miteinander in Beziehung gesetzt werden: „In der Liturgie wurden derartige Zusammenhänge anschaulich erlebbar; zugleich konnten auf diese Weise biblische Geschichte oder komplexe Glaubensinhalte, aber auch politische oder soziale Aspekte offengelegt werden.“

schiedliche Zeiten über räumliche Beziehungen zusammen. Mit dem leeren Grab unten und der vom Pult besetzten Lücke zwischen Verschlucken und Ausspeien direkt darüber sind die Leerstellen übereinander platziert, die erst im Zuge der Liturgie gefüllt werden, das heißt, wenn der Liturge in die Mitte der Darstellungen tritt, die zu sehende Analogie explizit ausformuliert und die Lücken mit Worten füllt. Wird in der Handschrift gleiche Zeit in der Aufhebung räumlicher Differenz erschlossen, so wird im Rogadeo-Ambo zeitliche Differenz durch räumliche Konvergenz erfassbar.

4 Korrespondenzen mit der Umwelt

Den Rogadeo-Ambo, das Orationale, die Staurothek und das Genesismosaik eint, dass die in ihnen entworfenen situativen Zeitbeziehungen auf Erzählungen und damit auf strategisch gesetzten temporalen Ordnungen aufbauen. Die situativen Beziehungen wurden formal, das heißt über die ästhetische Oberfläche in die narrativen Strukturen eingefügt, etwa durch gezielt gesetzte Leerstellen, Zeitläufe überblendende Kompositionen oder mittels einer kompositionellen Kombinatorik, mit der ein spezifisches temporales Verhältnis reflektiert wird: Die Verbindung zwischen Jona und Christus ist innerhalb der christlichen – die jüdische damit vereinnahmenden – Erzählung von Vollendung und Erlösung angelegt; gleiches gilt für die Gleichzeitigkeit der Geschehnisse am leeren Grab und in der Unterwelt, wie sie im Orationale vermittelt wird. Die Staurothek von Pliska fügt mit der Geschichte und der terminlich organisierten Routine, mit der historische Ereignisse vergegenwärtigt werden, zwei christliche Zeitordnungen zusammen. Die Genesis wiederum ist eine Erzählung, in der sich bereits über die Zusammenfügung des aufzählenden priesterlichen und des erzählenden jahwistischen Textes zwei unterschiedliche Perspektiven nicht nur auf das Erzählte ergeben, sondern auch auf das, was in Beziehung gesetzt und so als Zeit verstanden werden kann. Ausgangspunkte sind in der ersten wie in der zweiten Erzählung theologische Modelle zur Erklärung der Entstehung von Kosmos, Welt und Mensch. Eine Ausnahme von diesen im Inneren des christlichen Denkens und Erzählens hergestellten Zeitbezügen ist die Jahresseite, die natürliche, das heißt an der Bewegung der Himmelskörper ablesbare Ordnungen abzubilden sucht. Die Umwelt fungiert als Basis für die Stiftung von Beziehungen, sie ist es, die Zeit anschaulich werden lässt und auf die in diesem Kapitel ein wenig genauer geschaut werden soll.

,Umwelt' bezieht sich im Fall des Jahresbildes auf Natur respektive Kosmos, ist aber zugleich systemisch zu verstehen. In der Theorie sozialer Systeme nach Luhmann ist das System von seiner Umwelt abgegrenzt, jedoch nicht unabhängig von ihr, mehr noch, es kann nicht ohne Umwelt existieren.[101] In dem Jahresbild werden die dargestellten Relationen zwar in einen christlichen Rahmen eingefügt, interpretiert und konzeptualisiert, aber die Bezugspunkte – Sonnenlauf, Mondzyklus, Tag-Nacht-Wechsel – liegen als in ihrem Wesen unveränderliche Gegebenheiten außerhalb der christlichen Einflussnahme, das heißt außerhalb des Systems. Verändert werden kann nur die Deutung, nicht das Ereignis selbst. Noch weiter verdeutlichen lässt sich dieser Unterschied zwischen natürlichen, unver-

---

101 Einen kurzen Überblick zum von Luhmann mehrfach beschriebenen Verhältnis von System und Umwelt bietet Esposito 1998b; vertieft dann bei Luhmann 1999 [1984], S. 242–285.

änderlichen Ereignissen und solchen, die auf (christlichen) Konzeptualisierungen basieren und daher anpassbar und veränderbar sind, mit einem Blick auf das *annus-mundi*-Problem.

Annus mundi meint die Zählung der Zeit ab der Schöpfung, im Gegensatz zur seit Beda Venerabilis gängigen Zählung der Zeit ab der Geburt Christi (*annus domini*). Problematisch erwies sich die *annus-mundi*-Zählung aufgrund der Annahme, dass die Welt nach 6000 Jahren enden wird.[102] Wie bereits oben erwähnt, wurde diese ‚Laufzeit‘ der Welt aus der Verbindung des Sechstagewerks der Schöpfung mit Psalm 89 (90) abgeleitet.[103] Davon ausgehend erhoffte sich die eschatologische Strömung des Millenarismus ein auf die 6000 Jahre folgendes erneuertes Reich.[104] Der siebte Schöpfungstag stand in diesem Sinne für das siebte Jahrtausend als Königreich der Gerechten.[105] Der Millenarismus erwies sich aus zwei Gründen als problematisch und stieß bei zahlreichen Kirchenlehrern auf Ablehnung. Zentraler Kritikpunkt war der unerwünschte Versuch, den Termin des Weltendes zu bestimmen, schließlich war in der Apostelgeschichte zu lesen, dass es den Menschen nicht gegeben sei, „die Zeiten oder die Augenblicke zu kennen, die der Vater in seiner Macht festgelegt hat" (Apg 1,7).[106] Zudem sahen die frühchristlichen Chronisten ihre Gegenwart in den letzten Jahrhunderten vor der Vollendung der 6000 Jahre, datierten die Geburt Christi also etwa in die Mitte des sechsten Jahrtausends.[107] Hieraus erwuchs die Gefahr der falschen Prediger und der Suche nach Zeichen der Apokalypse. Bis ins 8. Jahrhundert gab es zwei wesentliche Änderungen bei den Berechnungen des *annus mundi*, die jeweils im ‚letzten‘ Jahrhundert, also kurz vor dem Erreichen der 6000-Jahr-Schwelle, vorgenommen wurden.[108] Richard Landes spricht diesbezüglich von einem ‚Sicherheitsventil‘, das aktiviert wurde, wenn sich das Jahr 6000 näherte: Die Zahlen wurden überprüft, um das genaue Datum festzustellen beziehungsweise zu korrigieren. Das Ergebnis war eine Verschiebung um mehrere hundert Jahre in Rich-

---

102 Zum *annus mundi*, Millenarismus und Bezügen zu jüdischen millenaristischen Erwartungen siehe Landes 1988.

103 Siehe oben, S. 22.

104 Dessen Dauer war nicht vorab auf 1000 Jahre festgelegt; im Vordergrund stand nicht die Dauer, sondern die Transformation in eine Zeit des Friedens, der Gerechtigkeit und des Überflusses, siehe Landes 1988, S. 206.

105 So Irenaeus: Adversus Haereses, V, 36,3 etwa im Jahr 185, nach Landes 1988, S. 143.

106 „non est vestrum nosse tempora vel momenta | quae Pater posuit in sua potestate".

107 Landes 1988.

108 Landes 1988 spricht von *annus mundi* I, II und III. Nach der ersten Berechnung wurde die Erde 5500 Jahre vor Beginn unserer Zeitrechnung geschaffen, *annus mundi* II setzt die Schöpfung auf 5199 v. Chr. und *annus mundi* III auf 3952 Jahre v. Chr. Siehe auch die Übersichten im Anhang von Landes 1988, S. 208–211.

tung der Gegenwart,[109] gewissermaßen eine nachträgliche Verjüngung der Welt. Mit seinem Versuch, aus dem raren Quellenmaterial nicht nur die verschiedenen *annus-mundi*-Berechnungen, sondern auch Strategien des Umgangs mit dem Millenarismus nachzuzeichnen, zeigt Landes, wie sich Gelehrte über Jahrhunderte immer wieder mit der nahen Endzeit und ihrer Verschiebung befassten und dabei auf den eher randständigen Millenarismus reagierten. Es scheint, dass ein zeitlich geschlossenes historisch-chronologisches Ordnungsschema, das drohte, irgendwann abzulaufen ohne sich zu erfüllen, hinsichtlich seiner Fähigkeit zur Stabilisierung des religiösen Systems kritisch bewertet wurde. Entsprechend wurden zunächst die Zahlen angepasst, mit denen bei den Berechnungen operiert wurde, bevor die *annus-mundi*-Zählung schließlich gänzlich von einer anderen Ordnung verdrängt wurde, die aufgrund einer fehlenden Obergrenze dauerhafte Stabilität versprach. Das optimierte Schema ist seit dem ausgehenden 8. Jahrhundert die noch heute angewendete *annus-domini*-Zählung, die die Geburt Christi als Ausgangspunkt nimmt. Die *annus-mundi*-Zählung war immer nur eine Möglichkeit, Geschichte quantitativ in Jahren zu erfassen. Der natürliche Lauf der Jahre, der Jahreszeiten, Mondzyklen und Tage blieb davon unbeeinflusst, denn beide Systeme zählen Sonnenjahre, womit der grundlegende Bezug außerhalb des christlichen Systems liegt.

In der historisch-chronologischen Zeitzählung nach Jahren, sei es *annus mundi* oder *annus domini*, zeigt sich eine Verbindung von natürlichen lebensweltlichen Ereignissen und den diesen Ereignissen auferlegten Konzepten. Derlei Verknüpfungen finden sich aber nicht nur, wenn es um große Dimensionierungen oder Quantifizierungen geht, sondern auch in sehr viel assoziativeren und enger fokussierten Bereichen. Zudem sind nicht immer Reibungen zwischen System und Umwelt zu erwarten. Das System kann vielmehr ein Interesse daran haben, bestimmte Bereiche mit seiner Umwelt zu harmonisieren oder die Umwelt konzeptuell zu referenzieren.[110] Insbesondere über kleine Formen, Harmonisierungen und Referenzierungen ist eine Verankerung des Systems in seiner Umwelt zu beobachten, wodurch zugleich die Umwelt – in diesem Fall die von Gott geschaffene Natur – als Teil des Systems markiert wird. Zugespitzt heißt dies für das christliche Denken: Innerhalb des Systems wird die Existenz einer nicht-systemischen Umwelt, eines ‚Außerhalb' negiert. Alles ist Gottes Werk. Ein Beispiel dafür, wie sich aus einem Abbildungs- oder Darstellungsverhältnis zwischen Kunst und dem naturgeprägten Lebensumfeld sehr spezifische (Zeit-)Beziehungen eröffnen, die die

---

109 Landes 1988, S. 176.
110 Zum Verhältnis von System und Umwelt siehe etwa Luhmann 1999 [1984], S. 242–285.

Umwelt in das System einzubinden suchen, lässt sich in der Kirche Sant'Eufemia in Grado finden.

4.1 Wellen

Genauer gesagt ist es der Fußboden der 579 geweihten Basilika, in dem Beziehungen zum Außenraum angelegt sind.[111] Der nahezu die gesamte Kirchenfläche auskleidende Mosaikboden stammt aus der Zeit der Kirchweihe. Er ist in Parzellen unterschiedlicher Größe geteilt, die mit variierenden geometrischen Formen gefüllt sind.[112] Auf figürliche Darstellungen, wie sie aus dem etwa zehn Kilometer entfernten Aquileia bekannt sind, wurde weitgehend verzichtet. Neben Kreisen, Quadraten, aus Bändern geformten Rauten, Schachbrettmustern und Flechtbändern lassen sich aus Kreissegmenten gebildete Formen finden. Zu diesen zählen die Variationen mit der *pelta*, einer besonderen Schildform, die an eine genaste Mondsichel erinnert.[113] Häufig wird diese Form wie in Sant'Eufemia im Rapport angeordnet, damit sich ein Wellenmuster ergibt. In Sant'Eufemia sind die *peltae* mit einer schwarzen Linie umrandet, gezeichnet, gewissermaßen, und im Wechsel schwarzgrau und rötlich gefüllt, wobei das Zentrum der Form noch einmal etwas heller oder dunkler abgehoben ist (Abb. 16). Das Muster wurde an drei Stellen gelegt (Abb. 17): Die größte Fläche befindet sich im Hauptschiff auf dem Mittelstreifen, der das Hauptportal mit dem Sanktuarium verbindet (Abb. 18). Das Muster beginnt im Westen, wo es heute an eine mit Terrazzo gefüllte, quadratische Fläche anschließt, und erstreckt sich bis zur Mitte des Kirchenschif-

---

111 Zum Mosaikfußboden Bovini 1973, S. 166–198; Tavano 1974 und 1984, S. 313–337; Gioseffi 1980; Zettler 2001 (vor allem zu den Inschriften); Barry 2007, S. 629; Marchetti / Spampinato 2020.
112 Zettler 2001, S. 92, sieht in der Anlage des gesamten Bodens eine Vorrangigkeit der Unterbringung von zahlreichen individuellen Stifterinschriften gegenüber der bildlich-dekorativen Gestaltung des Schmuckfußbodens. Die Finanzierung eines Fußbodens über Stiftungen ist nicht unüblich, einzelne Parzellen werden durch einzelne Stiftungen finanziert, wodurch sich wie auch in Sant'Eufemia viele unterschiedlich gestaltete Felder ergeben.
113 Gebildet wird die Form aus einem Halbkreis, in dessen gerader Seite zwei konkave Wölbungen zu finden sind, die aus zwei kleineren, nur die Hälfte des Durchmessers des großen Kreises ausmachenden Kreisen geformt sind. Das Muster ist verzeichnet in Barral i Altet 1985, S. 109, Nr. 87. Zum Wellenmotiv in Grado vor allem Tavano 1974; Gioseffi 1980; siehe auch die Hinweise oben, Anm. 103. Der Fußboden wurde 1946–1948 in einigen Bereichen restauriert und verlorene Flächen wurden wiederhergestellt. Die neu gelegten Flächen sind gut erkennbar, da sie heller und kontrastärmer sind als die alten, Tavano 1984, S. 323.

fes; es endet zwischen der fünften und sechsten nördlichen Säule.[114] In diesem Bereich liegen gleich mehrere Felder mit Stifterinschriften. Der Wellenrapport endet kurz nach dem Kreismedaillon mit der Stifterinschrift des Bischofs Elias.[115] Elias war von 571–586 Patriarch von Aquileia im Exil in Grado und für den Bau der Basilika verantwortlich. Der *peltae*-Rapport findet sich außerdem in einem weiteren Feld am östlichen Ende des nördlichen Seitenschiffs, dort umschließt er ein mit einem Blütenband umgebenes Medaillon. Es ist denkbar, dass sich in dem Rundfeld eine Inschrift befunden hat, die darauf hinwies, dass das dortige Mosaik sowie jenes des sich nach Osten an das nördliche Seitenschiff anschließenden Pastophorions und der daran angeknüpften Trichora von Bischof Elias gestiftet wurde.[116] Ein drittes Mal ist das Muster in dem eben erwähnten, auf einem tieferen Niveau liegenden Pastophorion zu sehen.[117]

Das Wellenmotiv findet sich nicht nur in Grado, sondern auch in anderen Orten des nördlichen Adriaraums, unter anderem in der Kirche Santi Maria e Donato auf Murano, doch sind die meisten der erhaltenen Funde deutlich jünger als der Boden von Sant'Eufemia.[118] Für den naheliegenden Gedanken, dass das Motiv auf Orte in unmittelbarer Nähe zum Wasser einen besonderen Reiz ausübte, wurden bisher keine Quellen gefunden, doch gibt es darauf hindeutende Indizien. So wird die Verbindung zwischen Wellenmotiv und Natur insbesondere dort evident, wo sich die künstlichen und natürlichen Wellen in räumlicher Nähe zueinander befinden. Daher wäre es gerade im Fall von Sant'Eufemia naiv anzunehmen, dass dem auftraggebenden Bischof Elias, den Stiftern, Konzepteuren, Mosaiklegern und den Gläubigen die Formanalogie zwischen dem Muster des Mo-

---

114 Der gesamte Grundriss ist in sich leicht verschoben, woraus sich unter anderem eine nicht rechtwinklig zu den Seitenmauern stehende Westfassade ergibt. Auch die das Haupt- von den Seitenschiffen trennenden Säulenreihen stehen einander nicht symmetrisch gegenüber.

115 Zettler 2001; die Inschriften und ihre Position im Kirchenraum, Abbildungen der Inschriftenmosaike sowie Literaturhinweise zu den Inschriften finden sich auch unter https://mosaikin schriften.materiale-textkulturen.de/inschriften.php (letzter Zugriff 10.05.2025).

116 Zettler 2001, S. 95, der seine Überlegung mit der Form begründet: Auch die anderen exponierten kreisförmigen Inschriftenfelder – das bereits erwähnte im Hauptschiff sowie ein weiteres im sich südöstlich an das rechte Seitenschiff anschließenden sog. Solutatorium – erwähnen Elias.

117 Auch der Fußboden der im 19. Jahrhundert abgerissenen Vorhalle der Kirche zeigte das Wellenmuster, wenngleich unklar ist, in welchem Umfang, siehe Tavano 1984, S. 69. *Peltae*, allerdings nicht zu Wellen angeordnet, finden sich zudem im ebenfalls im ausgehenden 6. Jahrhundert errichteten Baptisterium direkt neben Sant'Eufemia.

118 Barral i Altet 1985.

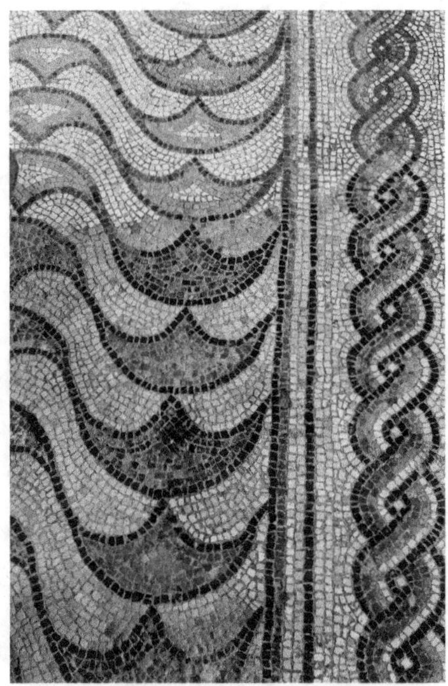

Abb. 16: Detail des Wellenmusters im nördlichen Seitenschiff, Sant'Eufemia, Grado. Bild: Daniela Wagner (CC BY-NC-SA 4.0).

saikfußbodens und den sich an der nahen Küste zeigenden Wellen nicht bewusst gewesen wäre.[119]

Wiederholt wurde das aus den *peltae* gesetzte Muster als Unterwasserwellen bezeichnet, womit das sich wellenförmig auf dem Grund flachen Wassers bündelnde Licht gemeint ist.[120] Sergio Tavano hat das Muster hingegen als von den bei Ebbe zurückbleibenden Linien im Sand selbst inspiriert gesehen, was im direkten Gegenüber des Mosaiks und der Formen im Sand leicht nachvollziehbar wird:[121] Nicht nur die sich aus Hell und Dunkel ergebenden Kontraste ähneln sich, auch die Größenverhältnisse sind stimmig (Abb. 19a–b). Und wie sich am Strand ein durch Wasser und Licht geprägter Seheindruck ergibt, die im Sand zurückgebliebenen Muster deutlich an Plastizität und Glanz gewinnen, wenn Licht auf sie fällt, ist auch das Wellenmuster auf dem Fußboden von diesem Spiel geprägt. Tavano hat diesen Wasser und Wellenmuster bewegt überblendenden Seheindruck anschaulich beschrieben:

---

119 Zur Wahrnehmung von ‚Wasserböden‘ siehe Barry 2007, der Eindrücke von Augenzeugen versammelt, die die nicht figürlichen Fußböden aus Marmor mit Wasser, Meer oder Eis verglichen.
120 Soweit nachvollziehbar, geht die Bezeichnung als Unterwasserwellen auf Ricci 1914 zurück.
121 Tavano 1974, S. 189.

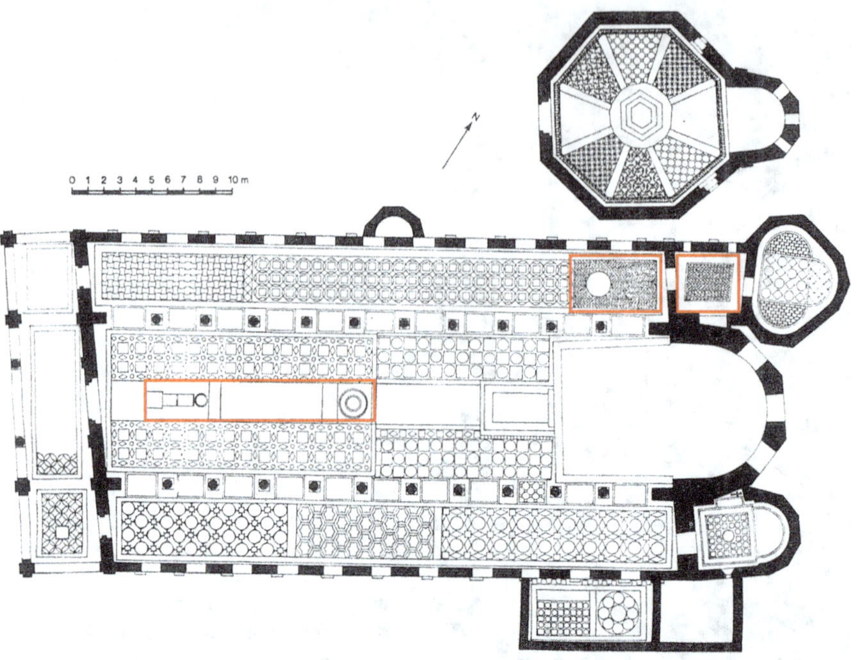

Abb. 17: Plan des Fußbodens von Sant'Eufemia, Grado, markiert sind die Wellenfelder. Bild: Tavano 1984, S. 320.

Certo, a chi osservi la corsia centrale della basilica di santa Eufemia apparirà evidente una potenziale o intenzionale fluidità o mobilità continua, quasi su piani diversi, di quell'onduleggiare instabile, proprio come avviene per l'ombra delle onde o delle increspature marine profilate di luce e proiettate su un fondo sabbioso uniforme. In fin dei conti l'incresparsi curvilineo delle onde pare fermato o fossilizzato nella sabbia scavata e lievemente ammucchiata dalle onde stesse.[122]

Neben der ondulierenden Form, die sich aus den versetzt nach unten und oben geöffneten, an ihren Ausläufern ineinander übergehenden *peltae* ergibt, sind es

---

122 „Wer den Mittelgang der Basilika Santa Eufemia betrachtet, wird sicherlich eine potenzielle oder beabsichtigte Fluidität oder kontinuierliche Beweglichkeit, gewissermaßen auf verschiedenen Ebenen, dieses instabilen Wellens wahrnehmen, genau wie es bei den Schatten der Wellen oder der Wellenkämme geschieht, die vom Licht konturiert und auf einen ebenmäßigen Sandboden geworfen werden. Letztendlich scheint das kurvenreiche Kräuseln der Wellen im von den Wellen selbst zerfurchten und aufgehäuften Sand angehalten oder versteinert zu sein." (Übersetzung der Autorin).

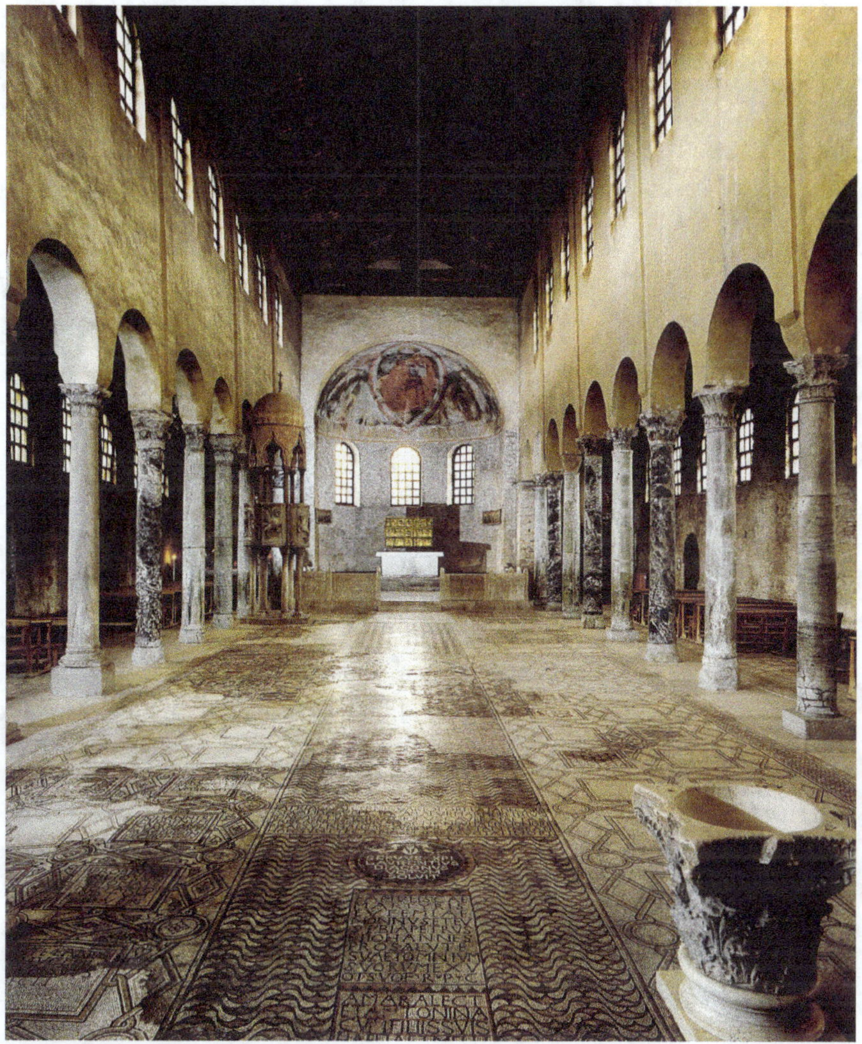

Abb. 18: Wellenmuster im Mittelschiff, Sant'Eufemia, Grado. Bild: Romanelli 1997, 1, S. 35.

die Farbgebung und das Spiel der Kontraste, über die die Nähe zum Changieren von Licht und Wasser erzeugt wird. Der ‚Wellenweg' der Mitte des Hauptschiffes lässt aufgrund seiner schmalen und langen Form an einen Fluss denken, der die Stifterinschriften wie Inseln umspült oder unter ihnen hinweg fließt, als wären sie Brücken. Bezüglich des zweiten Wellenfeldes im nördlichen Seitenschiff, das

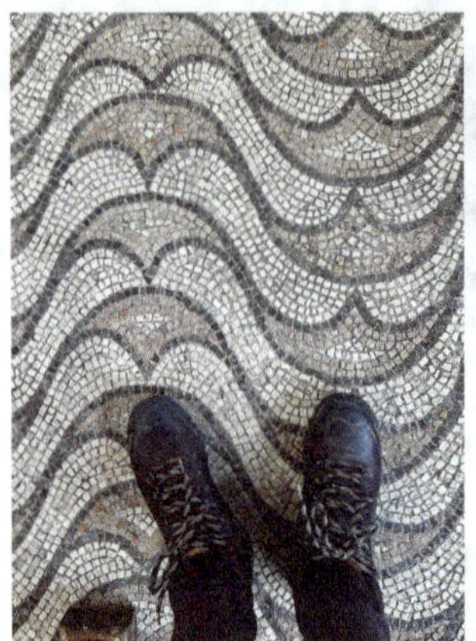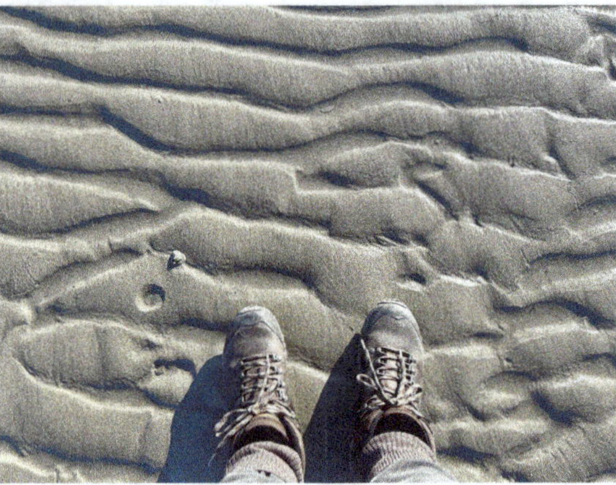

Abb. 19a–b: Wellenmuster in Sant'Eufemia und am Strand von Grado im Größenvergleich. Bilder: Stefanie Rabe (CC BY-NC-SA 4.0).

ein rundes Medaillon umschließt, gewinnt Tavano den Eindruck, dass der Rundschild auf den Wellen schwimmt.[123]

Möchte man in dem Motiv des Wellenbodens eine Anregung zur Kontemplation sehen, so ließe sich die Verbindung von Kunst und Natur als Ausgangspunkt setzen: Die von der Natur als Gottes Schöpfung gebildeten Muster werden zur Ehre Gottes im Kirchenraum wiederholt.[124] Ein assoziativer Anknüpfungspunkt ist das Gehen auf dem Wasser, das an Christus erinnert. Eine weitere Verbindung lässt sich zwischen Meer und Osternacht herstellen. Im neunten Vers des Exsultet, dem in der Osternacht gesungenen Lob, werden der Auszug der Israeliten aus Ägypten und die Auferstehung Christi als auf denselben Tag fallend verstanden. Dieser Tag – respektive Nacht – ist zudem jener, an dem in der Gegenwart der Betrachter:innen die Auferstehung Christi gefeiert wird: „Dies ist die Nacht, in der du zuerst unsere Väter, die Söhne Israels, herausgeführt aus Ägypten und (dann) das Rote Meer trockenen Fußes hast durchschreiten lassen."[125] Mit Blick auf diesen Vers ist auffällig, dass die Wellenfelder an Stellen in der Kirche angelegt wurden, denen eine gewisse Transitfunktion zukommt. Der gerade Mittelstreifen verbindet das Westportal mit dem Presbyterium, die Wellen füllen den Streifen etwa bis zur Mitte, wo sich die bereits erwähnte Inschrift des Elias befin-

---

123 Tavano 1974, S. 181.
124 Gegen eine über das Ornamentale hinausgehende Bedeutung des Musters haben sich Marchetti / Spampinato 2020 ausgesprochen.
125 „Haec nox est, in qua primum patres nostros, filios Israel, eductos de Aegypto, Mare Rubrum sicco vestigio transire fecisti." Zitiert nach Fuchs / Weikmann 1992, S. 32–33.

det. Die zweite Wellenfläche am östlichen Ende des nördlichen Seitenschiffs muss überquert werden, wenn man das Pastophorion erreichen möchte, das selbst durchschritten werden muss, um die Trichora zu betreten, in der der Heilige Markus verehrt wurde. Aufgrund der Lage der Felder im Kirchenraum, insbesondere im Mittelschiff, ist denkbar, dass dem Wellenboden in der Osternacht eine besondere Bedeutung zukam. Denn beim Schreiten über das Muster des Mosaikbodens, das die Formen im vom Wasser freigegebenen Sand aufgreift, lässt sich an die Israeliten denken, die trockenen Fußes das Rote Meer durchschritten haben. In der Erzählung zieht das Wasser sich zurück, wie es vor der Küste Grados im Rhythmus der Gezeiten geschieht.[126] So lässt sich gerade in der Osternacht im Wellenfußboden ein Angebot sehen, die Gedanken auf die Vergangenheit zu richten und zugleich eine Verbindung zum eigenen, an der Küste gelegenen Lebensraum zu ziehen.

In den eine Brücke zwischen Kirchenraum und Außenraum schlagenden Wellen lässt sich des Weiteren eine über das Motivische hinausgehende Durchdringung von religiöser Sphäre und säkularer Alltagswelt erkennen. Die Wellen des Meeres und des Strandes werden über ihr Pendant im Kirchenraum als Teil der göttlichen Schöpfung markiert. Die Wahrnehmung dieses Miteinanders des Natürlichen und des Artifiziellen wird beim Gehen über die Wellen verstärkt. Wie der gewellte Sand betreten wird, etwa beim Anlanden von Booten oder beim Sammeln von Treibgut, so gehen die Gläubigen über die Wellen im Kirchenraum, sehen mit einem Blick nach unten hier wie dort sich selbst mit den Wellen (Abb. 19a–b).[127] Die Wahrnehmung des Selbst auf den Wellen lässt die Betrachter:innen den lebensweltlichen Charakter des Motivs erkennen und verfestigt die systemische Zusammengehörigkeit von Natur- und Kirchenraum.

Die Beziehung zwischen religiösem Innen- und säkularem Außenraum ist schließlich auch eine an die Rhythmen der Natur anknüpfende Zeitbeziehung. Das Gebiet der oberen Adria zählt zu jenen Bereichen des Mittelmeeres, in denen der Tidenhub deutlicher ausgeprägt ist als an anderen mediterranen Küsten. Dies bedeutet, dass an der Küste vor Grado regelmäßig Wellen im Sand zu sehen sind, die das sich zurückziehende Wasser hinterlässt. Während also Wasser, Sand und Wellen im Außenraum veränderlich sind, ist das bewegte Spiel des Wassers und des Lichts im Kirchenraum auf Dauer gestellt. Unabhängig davon, ob unweit der Basilika Ebbe oder Flut herrscht, ob Hoch- oder Niedrigwasser ist, ob das Meer

---

126 Barry 2007, S. 632, erwähnt das Rote Meer in Bezug auf den Sarkophag mit dem Durchzug durch das Rote Meer. Der rote Onyx, aus dem er gefertigt ist, biete, so Barry, ein ideales Material, um das Rote Meer darzustellen.

127 Auch Tavano 1974, S. 189, druckt Fotos von Mosaikboden und Sandwellen nebeneinander, jedoch ohne die Füße etwaiger Betrachter:innen.

glatt oder aufgewühlt ist, sehen und gehen die Gläubigen auf den sanften Wellen des Mosaikbodens. Die Beziehung ist asynchron und asymmetrisch, das Andauernde des Mosaiks kontrastiert den Wandel der Küste im Lauf der Gezeiten. Allerdings geht es beim Fußboden nicht darum, die Bewegung der Natur anzuhalten oder einzufrieren. Es ist nicht die Vorstellung einer Bewegung stillstellenden Kunst, aus der das Wellenmosaik entwickelt wurde, sondern der Gedanke des Beständigen, das hier eine andauernde Bewegung ist. So lässt sich das kontinuierliche Wellen im Kirchenschiff als Abbild der Beständigkeit des Glaubens und seiner Institution der Kirche verstehen. Zugleich greift das Muster, das so unterschiedlich wahrgenommen werden kann, verschiedene Ausdrücke des „Gesichts des Meeres"[128] auf und führt sie zusammen. Es lässt sowohl die vom Wasser hinterlassenen Wellen im nassen Sand erkennen als auch das Spiel des auf dem Wasser reflektierenden Lichts und der durch das sich wellende Wasser auf den Sand darunterfallenden Sonnenstrahlen. Die Veränderlichkeit der Natur ist eingefangen in dem unveränderlichen Mosaikfußboden, der im Blick der Betrachter:innen zu einem lebendigen Wasser verschiedener Zeitlichkeiten wird.

4.2 Erfrischung unter der Kürbisranke

Auf gänzlich andere Weise wird die Natur in frühchristlichen Jona-Darstellungen genutzt, um Aspekte des Zeitlichen zu vermitteln.[129] Es ist jedoch nicht die Episode mit dem Wal, um die es hier gehen wird, wenngleich sie auch in der frühchristlichen Kunst große Resonanz erfährt, sondern das Motiv des unter der Kürbisranke ruhenden Jona. Das Thema entstammt dem vierten Kapitel des Buches Jona, in dem geschildert wird, wie der Prophet aus Ninive flieht, sich an einen Ort zurückzieht, von dem aus er die Stadt beobachten kann, eine schattenspendende Laube baut und dort ruhend abwartet. Gott lässt nun eine Kürbispflanze wachsen,[130] deren Schatten Jona erfreut. Doch die Freude ist nicht von langer Dauer

---

128 Shalem 2017, S. 27.

129 Zu Jona und seiner Darstellung siehe oben, Anm. 82. Mit Blick auf die frühchristliche Kunst ergänzend: Hutter u. a. 2018; Han 2024.

130 Bevor die Übersetzung des biblischen Textes durch Hieronymus erfolgte und sich durchsetzte, wurde die in der Jona-Erzählung genannte Pflanze in der Bildkunst zumeist als Kürbis dargestellt. Hieronymus wählte in der Übersetzung das Wort *hedera*, Efeu, für den in der Septuaginta zu findenden Begriff κολόκυνθα (kolokyntha), der eine Kürbispflanze meint, und der in der Vetus Latina mit *cucurbita* übersetzt wurde. Andere sehen mit Blick auf den hebräischen Text

(Jona 4,7): „Und Gott hielt einen Wurm bereit zum Aufstieg in der Morgendämmerung zum nächsten Tag, und der durchbohrte die Efeuranke [in der Septuaginta die Kürbisranke, Anm. DW], und sie verdorrte."[131] Jona, nun der Sonne wieder schutzlos ausgeliefert, erwacht und wird von Gott belehrt. Aus der Reihe des bisher betrachteten In-Beziehung-Setzens sticht das Motiv des ruhenden Jona insofern heraus, als das Zeitliche stärker als in den anderen Beispielen an die narrative Grundlage und den Einsatzbereich des Motivs gebunden ist und nicht über formale Elemente angelegt wird. Die Beziehungen, die hier gesetzt werden, operieren also nicht ausschließlich auf der Ebene des Visuellen, sondern verbinden Erzählung, Kontext und Naturbeobachtung. Das Situative gewinnt damit eine andere Dimension: Es ist nicht auf ein konkretes Werk, sondern auf einen spezifischen funktionalen Bereich bezogen.

Im 3. und 4. Jahrhundert ist Jona eine häufig anzutreffende Figur. Anders als die meisten mittelalterlichen Werke beschränken sich die frühchristlichen Darstellungen jedoch nicht auf Jonas Überbordgehen, das Verschluckt- und Ausgespien-Werden, sondern zeigen außerdem die Ruhe unter der Kürbislaube. Zudem besteht ein weiterer Unterschied: Die große Beliebtheit des Jona-Themas in der frühchristlichen Kunst gründet nicht wie in den späteren Epochen auf der Typologie Jona-Christus.[132] Wenngleich die bereits in den Evangelien angelegte typologische Verbindung den frühen Christen bekannt war und von den Exegeten thematisiert wurde, ist sie in der Bildkunst noch kein zentrales Thema.[133] Vielmehr lässt sich die Popularität der Ereignisse um Schifffahrt und *ketos* mit der darin erzählten Errettung durch Gott begründen, auf die auch die Gläubigen hofften. Jona steht damit in einer Reihe mit anderen alttestamentarischen Erretteten. Auf einer Glasschale aus Köln, die in das 4. Jahrhundert datiert wird und deren Fragmente sich heute im British Museum befinden, sind einige dieser Erretteten dargestellt.[134] Die Schale besteht aus klarem Glas, in das zahlreiche kleine Bildmedaillons aus Goldglas in zwei verschiedenen Blautönen eingefügt sind (Abb. 20 und 21). Neben Jona sind Adam und Eva, Daniel, Isaak, die Jünglinge im Feuerofen (von denen nur noch zwei erhalten sind) und Susanna zu sehen. Die Jona-

---

eine Rizinuspflanze. Siehe Riede 2016 und Neumann-Gorsolke 2012. Einen Einblick in die Zusammenhänge zwischen Übersetzung und Bildkünsten gibt Weis 1982 mit seinem Blick auf Albrecht Dürers Darstellung von Hieronymus im Gehäuse mit Kürbispflanze.

131 „et paravit Deus vermem ascensu diluculo in crastinum | et percussit hederam et exaruit"; zum Kürbis siehe die vorherige Anmerkung.

132 Siehe auch oben, S. 44.

133 Engemann 1998; Hutter u. a. 2018, S. 295.

134 Durchmesser max. 21 cm. London, British Museum, Inv.-Nr. 1881,0624.1, Digitalisat: https://www.britishmuseum.org/collection/object/H_1881-0624-1 (letzter Zugriff 14.08.2025); zur Schale Howells 2015, S. 90–101.

Erzählung wird über vier Medaillons ausgebreitet und ist damit die umfangreichste Bildgruppe der Schale. Zu sehen sind das Meeresungeheuer mit dem Schiff, auf dem Jona zu fliehen versuchte, der Jona verschlingende und wieder ausspeiende *ketos* sowie die Ruhe unter der Kürbisranke. Die Gruppe der Erretteten findet sich ebenso auf anderen Artefakten, etwa auf einer aus Podgorica stammenden Glasschale, die in das 4. oder frühe 5. Jahrhundert datiert wird und heute Teil der Sammlung der St. Petersburger Eremitage ist. Sie zeigt nicht nur die Erretteten – die vier Jona-Szenen, die Opferung Isaaks, Adam und Eva am Baum der Erkenntnis, Mose neben dem Felsen mit der Wasserquelle, Daniel in der Löwengrube, die drei Jünglinge im Feuerofen und Susanna –, sondern besitzt auch Inschriften, die das Artefakt mit Bestattungspraktiken in Verbindung bringen.[135] Die Inschriften zitieren ein Gebet, das anlässlich der *commendatio animae,* der Übergabe der Seelen der Verstorbenen an Gott, gesprochen wurde.[136] Mit ihm wird Gott gebeten, die verstorbene Person vor den Gefahren der Hölle zu retten und damit in eine Reihe mit jenen zu stellen, die ebenfalls gerettet wurden: Enoch und Elias, Noah, Abraham, Hiob, Isaak, Lot, Mose, Daniel, die drei Jünglinge im Feuerofen, Susanna, David, Petrus, Paulus und Thekla.[137] Vor diesem Hintergrund wird deutlich, wieso das Jona-Thema insbesondere im Bereich des Begräbnisses und der Totenfürsorge aufgegriffen wird, sich also in der Katakombenmalerei und auf Sarkophagen ebenso findet wie auf Keramikschalen oder Goldglasböden:[138] Treten die Erretteten auf diesen Artefakten in Erscheinung, so drückt sich der Wunsch nach Errettung für den Verstorbenen oder die Verstorbene aus.[139]

Auf den erwähnten Glasschalen ist das Bild der Ruhe unter der Kürbislaube nur ein Teil der Jona-Erzählung, der gleichberechtigt neben den anderen Jona-Szenen steht. Wird die Geschichte auf Sarkophagen dargestellt, verhält es sich anders: Gerade der Jona-Ruhe wird dort oftmals viel Raum zugestanden. Ein Beispiel für die besondere Gewichtung dieser Episode ist ein in das 3. Jahrhundert datierter Sarkophag des British Museum.[140] Der Szene ist etwa die Hälfte der gesamten Bildfläche gewidmet (Abb. 22). Eingerahmt von zwei kannelierten Pilas-

---

135 Leatherbury 2017, S. 114; dort und S. 124, Anm. 4, auch weitere Hinweise zur Schale in der Eremitage.

136 Leatherbury 2017, S. 114. Bereits Wischmeyer 1981, S. 176, stellt eine tentative Verbindung zwischen Jona und der *commendatio animae* her.

137 Le Blant 1879, I, 229–230; Leatherbury 2017, S. 114.

138 Zu den Sarkophagen siehe etwa Mitius 1897 und Engemann 1998; mit Keramik und Goldglas in sepulkralen Kontexten befassen sich Leatherbury 2017; Walker 2017 und 2018.

139 Leatherbury 2017, S. 114–115.

140 Sarkophag, spätes 3. Jh., 60 x 192 x 77 cm, Marmor. London, British Museum, Inv.-Nr. 1957,1011.1; Digitalisat: https://www.britishmuseum.org/collection/object/H_1957-1011-1 (letzter Zugriff 28.07.2025). Zu dem Sarkophag Rosenau 1961; Lawrence 1962.

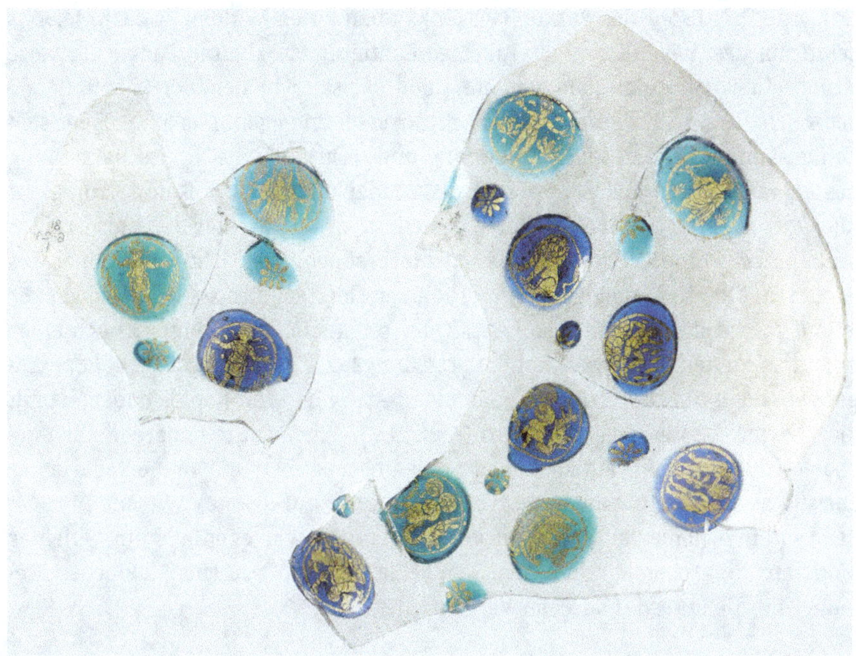

Abb. 20: Fragmente einer Glasschale mit Figuren aus dem Alten Testament, 4. Jh. (Köln), Glas, Gold, max. Ø ca. 21 cm. London, British Museum, Inv.-Nr. 1881,0624.1. Bild: © The Trustees of the British Museum (CC BY-NC-SA 4.0).

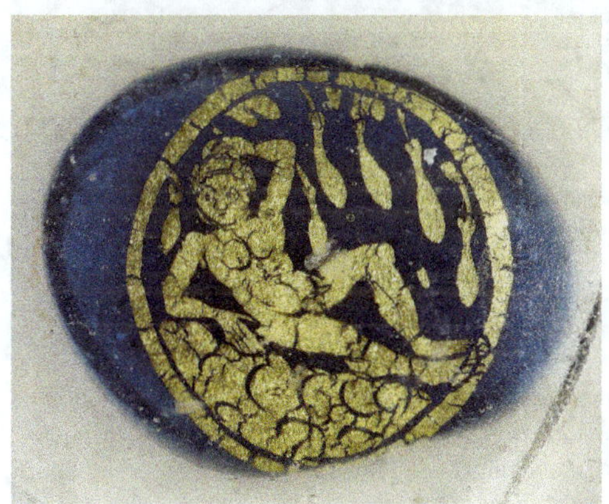

Abb. 21: Jona unter der Kürbislaube, Detail der Glasschale mit Figuren aus dem Alten Testament, 4. Jh. (Köln), Glas, Gold, max. Ø ca. 21 cm. London, British Museum, Inv.-Nr. 1881,0624.1. Bild: © The Trustees of the British Museum (CC BY-NC-SA 4.0).

tern zeigt die Front des Sarkophags links oben einen Widder,[141] darunter das Schiff mit drei nackten, an der Takelage hantierenden Figuren. Möglicherweise ist mit einer von ihnen Jona gemeint, denn der sich vor dem Schiff befindende *ketos* schaut der mittleren Figur erwartungsvoll entgegen. Das Meer zieht sich den gesamten unteren Bildrand entlang und trägt auch die zweite Darstellung des *ketos*, der Jona etwas weiter rechts wieder ausspeit. Groß und prominent über dieser Szene befindet sich die Darstellung des Jona unter der Kürbisranke. Jona, nun fast doppelt so groß wie das Meeresungeheuer, liegt unter einer aus Stäben und Ranken gebildeten Laube, von der Flaschenkürbisse herabhängen. Er ist auf seinen linken Arm gestützt, mit der rechten Hand scheint er nach einer Frucht zu greifen. Damit weicht die Darstellung leicht von der gängigen Ikonographie ab, denn üblicherweise hat Jona einen Arm über den Kopf erhoben, womit die Endymion-Pose aufgerufen wird (Abb. 21).[142] Wie auch in anderen Fällen beobachtbar, wurde eine antike Ikonographie übernommen und an die Bedarfe der christlichen Gemeinde angepasst: Endymion, der auf Selenes Wunsch hin von Zeus in einen dauerhaften Schlaf versetzt wurde, war ebenfalls ein beliebtes Motiv auf römischen Sarkophagen. Sein Schlaf wird dort zu einer bildlichen Metapher für die Ruhe des oder der Verstorbenen.[143]

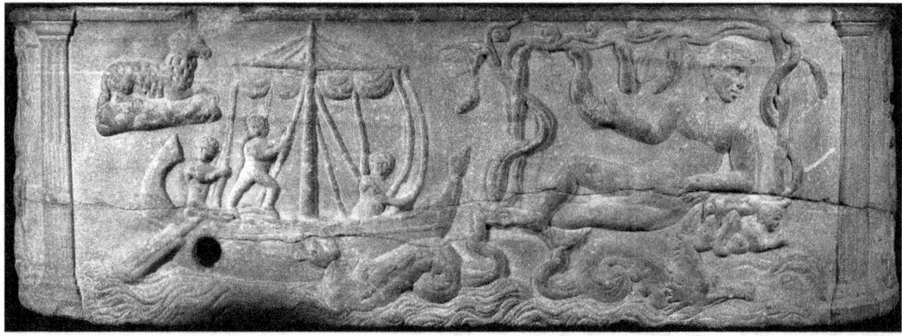

Abb. 22: Front des Jona-Sarkophags, 3. Jh., Marmor, 60 x 192 x 77 cm. London, British Museum, Inv.-Nr. 1957,1011.1. Bild: © The Trustees of the British Museum (CC BY-NC-SA 4.0).

---

141 Die Anwesenheit des Widders wird von Rosenau 1961, S. 60, als Verweis auf die bukolische Landschaft gelesen. Auffällig ist aber, dass auch in Santa Maria Assunta in Aquileia ein Widder im Fußbodenmosaik untergebracht ist, wo ja ebenfalls die Jona-Erzählung in mehreren Bildern ausgebreitet wird.

142 Die Übernahme der Endymion-Pose wurde bereits vielfach in der Forschung erwähnt, siehe etwa Stommel 1954, S. 49; Dresken-Weiland 2016, bes. S. 208–212.

143 Endymion-Sarkophage wurden noch im 3. Jahrhundert gefertigt, sind also Zeitgenossen der frühen Jona-Darstellungen auf Sarkophagen; Dresken-Weiland 2016, S. 210, mit Bezug auf Sichtermann 1992.

Wendet man sich auf der Suche nach dem Grund für die zentrale Stellung gerade dieser Episode der Jona-Geschichte der frühchristlichen Auslegungspraxis zu, zeigt sich, dass die Exegeten dem vierten Kapitel des Buches Jona ungewöhnlich wenig Aufmerksamkeit widmen.[144] Womöglich gründet das geringe Interesse darin, dass sich dieser Teil der Erzählung „kaum christologisch verwerten ließ", wie Ernst Dassmann vermutet.[145] Anhaltspunkte für die der Jona-Ruhe innewohnenden Bedeutung bietet zunächst der Kontext der Darstellungen, das heißt Begräbnis und Totenruhe. Die in den Katakomben zu findenden Bilder des unter der Kürbisranke ruhenden Jona wurden unter Einfluss der Endymion-Tradition als die sich an die Errettung vom Meeresungeheuer anschließende glückliche Totenruhe gedeutet.[146] Ausgangspunkt ist die Freude Jonas über die von Gott bereitgehaltene Ranke, die ihm weiteren Schatten und Kühle spendet (Jona 4,6). Auch die in Goldglasböden und Keramik als Einzelmotiv erhaltenen Darstellungen der Ruhe unter der Kürbislaube vermitteln diese Bedeutung, fanden sie doch ebenfalls in sepulkralen Praktiken Verwendung: So sind etwa Goldglasböden als Teil des Begräbnisrituals in den Lehm gedrückt worden, der die Gräber verschloss.[147] Wie der errettete ist der ruhende Jona ein Bild, das nicht nur die Wünsche für die Verstorbenen und die Hoffnung der Lebenden ausdrückt, sondern auch eine Verheißung ist. Der Tod war aufgrund des Auferstehungsversprechens etwas Positives, dem die Gläubigen in der Zeit des frühen Christentums zuversichtlich begegneten. In diese Richtung weist etwa Tertullian (160–220), der in *De resurrectione carnis* schreibt: „Was den Christen ihr Vertrauen einflösst, ist die Auferstehung der Toten. Durch sie sind wir Gläubige geworden."[148] Die Auferstehung wird leiblich gedacht[149] und daran anknüpfend wird das Jona-Motiv relevant, wie eine andere Stelle aus *De resurrectione carnis* nahelegt. Im 32. Kapitel stellt Tertullian eine Analogie zwischen Jonas Aufenthalt im Seeungeheuer und dem im Sarkophag liegenden Leib der Verstorbenen her. Jona ist Tertullian ein Argument

---

144 Dassmann 1998, Sp. 687; deutlich wird dies in dem jüngsten Abriss zu Jona im frühen Christentum bei Han 2024, wo die Szene unter der Kürbisranke in dem Abschnitt (Kap. 2) nur am Rande erwähnt wird und auch im Kapitel zur Ikonographie nur sehr knapp behandelt wird (Kap. 3).
145 Dassmann 1998, Sp. 687.
146 Speigl 1978, S. 13.
147 Dabei handelt es sich um eine Zweitverwendung; möglicherweise waren die Gefäße, deren Teil die Böden einst waren, zuvor im Besitz der Verstorbenen und / oder wurden anlässlich des Mahls zu Ehren der verstorbenen Person gebraucht; siehe Walker 2017, S. 75–81, mit Hinweisen auf weiterführende Literatur.
148 „Fiducia Christianorum resurrectio mortuorum: illam credentes hoc sumus. Hoc credere veritas cogit: veritatem deus aperit." Tertullian: Auferstehung / Resurrectione 1,1.
149 Für einen kurzen Überblick zu der leiblichen Auferstehung im frühen Christentum Markschies 2006 [1997], S. 83–86.

dafür, dass selbst diejenigen, die von Tieren verschlungen wurden, fleischlich auferstehen, und so vergleicht er den Magen des Seeungeheuers mit dem Sarg:

> Für einen hinlänglichen Beleg der diesbezüglichen Macht Gottes halte ich den Jonas, da derselbe unversehrt an beiden Bestandteilen, an Leib und Seele, aus dem Bauche des Fisches [*bestiae piscis*] herausgeholt wird. Ein Fischmagen [*uiscera ceti*] wäre sicher in einem Zeitraum von drei Tagen mit der Auflösung eines Menschenleibes leichter zustandegekommen, als ein Sarg, ein Grab, als die Ruhe in irgendeinem einsamen und abgelegenen Beinhause [...].[150]

Wenngleich es um die Verschlingung geht, legt diese Stelle doch nahe, dass in den Bildern des verschlungenen und wieder ausgeworfenen Jona nicht nur die Errettung gesehen wurde, sondern auch die *leibliche* Auferstehung. In diese Richtung weist zudem die rechte Seite des Londoner Jona-Sarkophags: Erneut ist die Kürbisranke zu sehen, doch unter ihr befindet sich nun ein Pfau, der eine Frucht der Pflanze in seinen Krallen hält. Der Pfau gilt, wie bereits in Zusammenhang mit dem Rogadeo-Ambo erwähnt, als Zeichen der leiblichen Auferstehung beziehungsweise des ewigen Lebens.[151] Damit hebt sich die Jona-Erzählung deutlich von anderen Rettungserzählungen ab, denn nur über die Figur des Jona eröffnet sich das Potenzial, Errettung und leibliche Auferstehung zusammenzudenken. Dass das Jona-Motiv derart häufig vorkam, verwundert daher kaum.

Während sich in den *ketos*-Szenen der Glaube an die Erlösung und Auferstehung zeigt, so äußert sich in den Bildern des ruhenden Jona die Hoffnung auf eine friedvolle Ruhe bis hin zur leiblichen Auferstehung.[152] Berücksichtigt man die von Gott gelenkte und vom natürlichen Werden und Vergehen abweichende Entwicklung der Kürbispflanze, so lässt sich die Bedeutung des Motivs und damit der Wunsch für die verstorbene Person noch präzisieren. Das schnelle Wachsen und ebenso schnelle Verdorren markiert eine Zeitspanne, die von Gott bestimmt ist. Er lässt die Pflanze wachsen, er lässt sie verdorren. So ergibt sich eine Analogie zum Sterben und zur Auferstehung, denn die Dauer der Totenruhe ist allein Gott bekannt. Der oder die Gläubige wird den beiden Ereignissen Tod und Auferstehung zu einem unbekannten Zeitpunkt begegnen, wie auch Jona unvorhergesehen die Kürbispflanze erhält und schließlich vom heißen Wind und dem fehlenden Schutz der nun verdorrten Pflanze überrascht wird. Zudem ist die Kürbispflanze ein Zeichen der leiblichen und geistigen Fürsorge Gottes für den

---

150 „Puto autem huius quoque diuinae potestatis documentum idoneum ionam, cum incorruptus utramque substantiam, carnem atque animam, de aluo bestiae piscis euoluitur, – et utique triduum concoquendae carni uiscera ceti suffecissent quam capulum, quam sepulchrum, quam senium requietae atque conditae alicuius sepulturae, [...].“ Tertullian: Auferstehung / Resurrectione, 32,3.
151 Siehe oben, Anm. 93.
152 Ermak 2023 sieht in der Jona-Ruhe hingegen das Bild der vollzogenen Auferstehung.

Menschen. Sie spendet Schatten, doch wird ihr Wachsen und Vergehen zudem von Gott zur Belehrung Jonas über Gnade und Güte genutzt. Damit bietet sie eine neuerliche Analogie für die Wünsche und Hoffnungen der Gläubigen hinsichtlich der Zeit nach dem Tod. Das Bild des unter der Kürbispflanze ruhenden Jona beschreibt die Zeitspanne in zweifacher Hinsicht: Sie ist zum einen Gottes Willen nach terminiert und zum anderen von einer bestimmten Qualität.

Doch die Darstellung des Jona verrät noch etwas über die Zeit der Totenruhe. Oftmals ist er deutlich erkennbar mit geöffneten Augen dargestellt, tritt also weder als Verstorbener noch als Schlafender in Erscheinung, sondern als wach Ruhender. In der Erzählung ist es Ninive, das von ihm im Blick behalten wird. Im Kontext der Sepulkralkultur und des Glaubens an die Auferstehung wiederum wird auf diese Weise hervorgehoben, dass der Tod nicht endgültig ist, sondern nur etwas Vorübergehendes. Er ist ein Interim der Ruhe zwischen diesseitigem und jenseitigem Leben. Nach dessen Ende wird der Körper ebenso wieder auferstehen wie Jona nach seiner Ruhe unter der Kürbislaube. Das Bild des ruhenden Jona ist somit eine Metapher des *refrigerium*, dem zeitlichen wie örtlichen Dazwischen, in dem den Gerechten ‚Erfrischung' zukommt.[153] Der schon mehrfach zitierte Tertullian schreibt etwa vom „interim refrigerium", das den Gerechten im Schoße Abrahams zuteil wird.[154] Zudem finden sich der Ausdruck und seine Ableitungen in zahlreichen, aus dem 3. und 4. Jahrhundert stammenden Grabinschriften der römischen Katakomben.[155] „Da in den Refrigeriums-Inschriften keine weiteren Aussagen zum ewigen Leben oder zur Auferstehung erscheinen," ist, so Jutta Dresken-Weiland, davon auszugehen, „dass das Refrigerium ein Zustand bzw. ein Ort ist, der von ewigem Leben und der Auferstehung unterschieden ist, in dem aber ein Kontakt mit Gott besteht."[156] Wendungen wie „hic dormit in refrigerio" oder „deus refrigeret dormitionem tuam"[157] lassen anklingen, dass zwischen Tod und Auferstehung ein Zustand nicht näher definierter Andersartig-

---

153 Stuiber 1957, S. 148. Auch Dresken-Weiland 2016, S. 214, schreibt, wenngleich eher beiläufig, dass der „Schlaf des Jonas [...] als Schlaf bis zur Auferstehung verstanden werden [kann], wie ihn die in den Katakomben, im ‚Coemeterium' Ruhenden schlafen, als Aufenthalt im Refrigerium [...]". Dresken-Weiland sieht die Darstellung also dezidiert als Schlaf, nicht als Zwischenzustand. Auf die Bedeutung, die in diesem Zusammenhang der Kürbisranke zukommt, geht sie nicht ein. Zum Begriff *refrigerium* und seinem Bedeutungsspektrum siehe Aspesi 2024.
154 Tertullian: Marcion, 4,34–36, nach Aspesi 2024, S. 648. Auch Basilius von Cäsarea: Briefe, XLVIII,1, spricht vom Erfrischen des Geistes beim Blick auf die Zukunft.
155 Dresken-Weiland 2006, S. 295–296.
156 Dresken-Weiland 2006, S. 295.
157 Grabinschriften, zitiert nach Dresken-Weiland 2006, S. 295.

keit und unspezifischer Dauer angenommen wurde, für den man den Verstorbenen Gutes wünschte.[158] Im Motiv der Ruhe Jonas artikuliert sich mit der Kürbisranke der Wunsch nach einer Totenruhe unter Gottes Schutz und Fürsorge für Leib und Seele und damit nach einer Zeit, die von einer bestimmten Qualität geprägt ist.[159] Mit der Veränderung der theologischen Positionen zur Zeit nach dem Tod und vor der Auferstehung wird schließlich nicht nur das Bildmotiv der Ruhe Jonas weniger gebräuchlich, zudem nehmen die Inschriften zum *refrigerium* im 4. Jahrhundert ab und verschwinden schließlich fast gänzlich.[160] Das Motiv der Kürbisranke als visuelle Metapher des Zeitlichen hat ausgedient.

158 Oder Schlechtes, wie eine von Dresken-Weiland 2006, S. 296, erwähnte Fluchinschrift zeigt, nach der der Seele keine ‚Erfrischung' zukommen soll.
159 Hinsichtlich des Wunsches, dass in einer bevorstehenden Zeitspanne bestimmte Qualitäten vorherrschen, besteht eine Ähnlichkeit zu den spätmittelalterlichen Darstellungen des Heiligen Christophorus. Daran angebunden ist der Glaube, dass die Ansicht des Christophorusbildes davor schützt, an diesem Tag einen plötzlichen, das heißt unvorbereiteten Tod zu sterben. Zur sich über die Anschauung des Christophorusbildes eröffneten ‚sicheren' Zukunft siehe Wagner 2021, S. 172–178.
160 Dresken-Weiland 2006, S. 292 und 302.

5 Andauern, Ausdauern

Im Bild des Jona unter der Kürbislaube wurde mit der konkreten Zeitspanne unbekannter Größe ein häufig reflektierter Aspekt des Zeitlichen thematisiert: die Dauer. Sie ist eine temporale Beschreibung eines Dazwischen, das sich von einem Ereignis bis zu einem anderen erstreckt. Dass Dauer sinnlich wahrnehmbar ist, ist einer anderen Figur zeitlicher Ordnung geschuldet, der Frequenz. Sie beschreibt den Abstand von miteinander in Beziehung gesetzten Ereignissen, die Taktung, mit der Ereignisse eintreffen. Der Kontrast verschiedener Taktungen ist die Voraussetzung für das Zeitbestimmen und die Wahrnehmung des Zeitlichen, denn die „Konstruktion der Zeitdimension erfordert die Möglichkeit, Änderung und Dauer zugleich zu beobachten."[161] Ungewöhnliche Taktungen können auf Temporalstrukturen aufmerksam machen und so das Zeitliche in den Bereich des sinnlich Erfassbaren rücken: In der Jona-Erzählung sind es zunächst die drei Tage, die der Protagonist im Bauch des Wals überlebt, und anschließend das sich geradezu im Zeitraffer vollziehende und damit nicht der üblichen Geschwindigkeit folgende Wachstum und Verdorren der Kürbispflanze. Auch das Wellenmuster in Grado eröffnet kontrastierende zeitliche Frequenzen: Im Kirchenschiff sind die Wellen beständig zu sehen, an der Küste des Meeres sind sie hingegen veränderlich und dem Wechsel des Wetters sowie den Gezeiten unterworfen: mal vom Wasser geformt, mal im Sand zu sehen, bei Sturm aufgetürmt und bei Windstille völlig absent. Entscheidend für die Wahrnehmung von Veränderung ist das konstant Andauernde, das meist als Hintergrund wahrgenommen wird, das aber ebenfalls nur im Vergleich mit oder in Kontrast zu in einer anderen Frequenz ablaufenden Ereignissen wahrnehmbar ist.[162] Das als konstant oder über eine längere Zeit andauernd Wahrgenommene lässt sich mit Norman Sieroka als niederfrequent beschreiben, während Ereignisse, die so miteinander in Beziehung gesetzt werden, dass kürzere Intervalle entstehen, hochfrequent sind.[163] Sieroka nutzt zur Erläuterung ein Beispiel, das bereits im Zuge der Betrachtung des Fußbodens von Sant'Eufemia begegnet ist: Ebbe und Flut. Der Gezeitenwechsel dauert mehrere Stunden und während dieser Zeitspanne ereignen sich zahlreiche weitere Dinge: Schiffe fahren hinaus oder landen an, Menschen gehen in den Got-

---

161 Corsi 1997, S. 215, destilliert hier das konzeptuelle Wesen des Zeitlichen aus den Gedanken Luhmanns.
162 Corsi 1997, S. 215: „Die sinnkonstituierenden Systeme können Ereignisse und Situationsänderungen nur beobachten, wenn sie etwas konstant halten können, das als Hintergrund fungiert. Umgekehrt kann alles, was konstant bleibt, als solches nur vor dem Hintergrund ablaufender Ereignisse erscheinen."
163 Sieroka 2024, S. 50–53.

tesdienst oder entdecken, dass sich in Sant'Eufemia ein Muster findet, das sie kurz zuvor an der Küste gesehen haben. Etwas als nieder- oder hochfrequent zu bezeichnen ist immer eine Frage der Relation: Im Vergleich zum Lauf der Erde um die Sonne scheinen auch die Gezeiten hochfrequent. In den Beispielen ist angedeutet, dass niederfrequent nicht mit unveränderlich gleichzusetzen ist. Bereits der Begriff der Frequenz verweist auf mehrere Ereignisse, die miteinander in Beziehung gesetzt werden und beschreibt damit die Geschwindigkeit, mit der Veränderungen eintreten. Das Niederfrequente vermag jedoch eine „lebendige Stabilität"[164] zu bilden und ist damit ein fruchtbarer Ausgangspunkt für die Betrachtung des letzten in dieser Studie verhandelten Beispiels, der aus dem 5. oder 6. Jahrhundert stammenden Darstellung des Säulenheiligen Symeon Stylites im Berliner Museum für Byzantinische Kunst.

5.1 Säule sein

Das Relief (Abb. 23), dessen Entstehung in die ehemalige römische Provinz Syria verortet wird,[165] zeigt eine übersichtliche Szene: Rechts ist eine Säule mit gestufter Basis zu sehen, auf der ein Säulenheiliger steht. Der bärtige Symeon Stylites der Ältere ist uns frontal und aufrecht zugewandt, seine Kapuze trägt das Kreuzzeichen. Die untere Hälfte seines Körpers ist von einer Art Brüstung umschlossen, die den Styliten beim langen Stehen – einem zentralen Teil asketischer Praxis – auf seiner Plattform sichern sollte.[166] Direkt unter dem Styliten ist eine Nische in

---

164 Sieroka 2024, S. 51.

165 Zum Relief siehe Lassus 1932; Elbern 1965 (dort zur Herkunft der Reliefplatte S. 292–293); Mietke 2012; Hunter-Crawley 2020. Der Fundort ist Qaṣr Abū Samra', wo sich einst eine aus Basalt gebaute Basilika befand, möglicherweise war die Berliner Platte ein Teil dieses Baus. Qalʿat Simʿān hingegen wurde aus Kalkstein erbaut. Von der Basilika in Qaṣr Abū Samra' sind nur noch wenige Überreste vorhanden, siehe Elbern 1965, S. 293. Es sind zwei weitere Darstellungen bekannt, die der Komposition des Berliner Bildes deutlich ähneln. Eine Basaltstele aus der Region Ḥamāh, wo auch das Berliner Relief gefunden wurde, befindet sich im Nationalmuseum in Damaskus. Sie stimmt weitgehend mit der Darstellung in Berlin überein, Abweichungen sind nur stilistischer Natur. Eine zweite Basaltstele befindet sich im Louvre, hier ist das Bildfeld hochrechteckig und schmal, die Elemente sind weniger klar aufeinander bezogen wie im Berliner Bild. Hier ist zudem noch eine Schlange zu sehen, die möglicherweise auf die legendarische Heilung einer Schlange durch Symeon den Älteren verweist (siehe Antonius: Life, S. 227). Das Objekt im Louvre ist in der Online-Sammlung verzeichnet: https://collections.louvre.fr/en/ark:/53355/cl010277336 (letzter Zugriff 31.07.2025).

166 Siehe die Erwähnungen anderer stehender Anachoreten bei Theodoret: Mönchsgeschichte, Kap. 24 und 27, sowie die bei Delehaye 1923, S. CLXXXI–CLXXXIV, genannten stehenden Anachoreten.

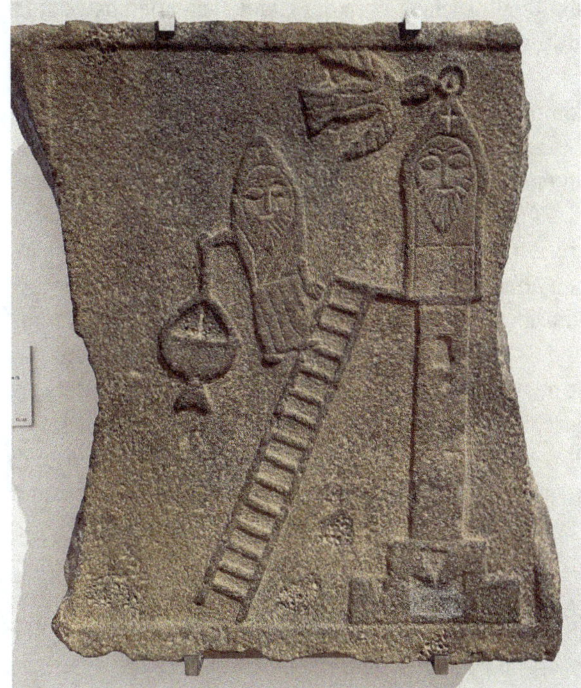

Abb. 23: Symeon Stylites auf der Säule, 5./6. Jh. (Syrien), Basalt, 84,5 x 76 x 18,5 cm. Berlin, Museum für Byzantinische Kunst, Inv.-Nr. 9/63. Bild: Daniela Wagner (CC BY-NC-SA 4.0).

die Säule gearbeitet, deren Funktion bisher nicht geklärt ist. Von links nähert sich der Heilige Geist in Gestalt einer Taube, die in ihrem Schnabel eine von einer Gloriole umschlossene Flamme trägt und damit die Spitze der Kopfbedeckung des Heiligen berührt.[167] Ebenfalls von links ist eine Leiter an die Säule angelehnt, auf

---

[167] Elbern 1965, S. 299, sieht in dem Ring, in dem sich die Flamme befindet, einen Kranz des Sieges, den die Taube heranbringt. Dieser würde unter den Heiligen insbesondere den Märtyrern gebühren, als die auch die Styliten gälten. Wahrscheinlicher ist hingegen, dass der Heilige Geist in Gestalt der Taube die Flamme – in Entsprechung der Ausgießung des Heiligen Geistes zu Pfingsten – auf den Heiligen überträgt und der Ring dabei die Gloriole der Flamme anzeigt. Zu Heiligem Geist und Flamme siehe Lassus 1932, S. 81–82. Die Kombination von Taube und Flamme ist im 6. Jahrhundert in Syrien bekannt, eine Pfingstszene mit einer Taube, aus deren Schnabel die Flamme hervorkommt, findet sich etwa im 589 vollendeten Rabbula-Evangeliar, Florenz, Biblioteca Medicea Laurenziana, Cod. Plut. 1.56, fol. 14v. Hinzu kommt die Bedeutung von Symeon als Vorbild, die von Theodoret mit einem strahlenden Licht gleichgesetzt wird: „Daß dem wirklich so ist, dafür zeugen nicht Worte, sondern die laute Stimme der Tatsachen. Denn viele Tausende von Ismaeliten, die der Finsternis der Gottlosigkeit dienten, hat sein Stehen auf der Säule

der sich ein Mönch mit einem Weihrauchgefäß in der Hand nach oben bewegt. Er ist wie der Stylit bärtig und in ein Gewand mit einem Kreuz auf der Kapuze gekleidet.[168]

In der stilistisch und kompositorisch einfach gehaltenen Darstellung mit flächigen Formen und klaren Umrisslinien lassen sich zwei stark miteinander kontrastierende Bewegungsmomente festmachen: Einerseits die der Leiter folgende, aufsteigende Bewegung des Mönchs, die einen Ausgangs- und Zielpunkt besitzt, gerichtet ist und durch die regelmäßig angelegten Sprossen rhythmisch erscheint. Und obwohl der Mönch einen ähnlich kastenförmigen Körper besitzt wie der Stylit, ist er doch anders als dieser deutlich in Bewegung. Erkennbar ist dies vor allem an den nach rechts und damit in Laufrichtung der Leitersprossen gewandten Füßen sowie der leicht aus der Senkrechten nach links gekippten Körperachse. Verstärkt wird die gerichtete Dynamik durch die sich ebenfalls nach rechts bewegende Taube. Das Ziel dieser Fortbewegungen ist jedoch ein von Bewegung und Veränderung scheinbar ausgenommener Ort: der Stylit, der auf der kleinen Plattform steht, dessen Körper durch den ihn sichernden kastenartigen Korb unbeweglich eingehegt ist. Augenfällig wird das Stillstehen des Styliten *und* seiner Säule gerade durch die mittels der Leiter wortwörtlich an das Ensemble angelegte Bewegung. Gehen trifft auf Stehen, Bewegung auf Stillstand, das Hoch- auf das Niederfrequente.

Die Leiter ist mit ihren regelmäßigen, rhythmisch erklimmbaren Sprossen ein hinsichtlich Fortbewegung, Veränderung und Taktung ebenso sinnfälliges Bildelement wie die Säule, die als Solitär Rhythmus und Frequenz entbehrt, dafür aber Stillstand, Unveränderlichkeit und Kontinuität vermittelt. Über Leiter und Säule sowie ihr Verhältnis zu den Figuren wird die zeitliche Dimension des Verbleibens auf der Säule, sprich die Dauerhaftigkeit, für die Betrachter:innen visuell

---

erleuchtet. Wie auf einen Leuchter gestellt, hat dieses hellstrahlende Licht der Sonne gleich seine Strahlen nach allen Seiten entsendet." Theodoret: Mönchsgeschichte, 26.

168 Hin und wieder wurde das Gefäß als Korb bezeichnet, mit dem Nahrung auf die Säule gebracht wurde. Die Form des Objekts spricht jedoch aufgrund des deutlich erkennbaren Standfußes und die für einen Korb ungewöhnliche Aufhängung an einer Schnur oder Kette, an der das Objekt pendelt, für ein Weihrauchgefäß. Auch Elbern 1965, S. 290, spricht sich aufgrund der Form gegen einen Korb aus und führt zudem Befunde aus schriftlichen Quellen und bildlichen Darstellungen an. So spielte Weihrauch etwa auch bei der Verehrung von Symeon Stylites dem Jüngeren eine bedeutende Rolle. Beispielsweise ist auf einer Eulogie aus Bobbio eine Inschrift zu lesen, auf der genau darauf Bezug genommen wird: „Nimm, o Heiliger, den Weihrauch und heile alle." (Elbern 1965, S. 290, dort auch die Transkription dieser und der zweiten Inschrift der fraglichen Eulogie). Zudem ist der Weihrauch aber bereits in der Bibel eng mit religiösen Praktiken verbunden, und soll nicht profanisiert werden (Ex 30,38), nach Weihrauch duftet die Weisheit (Sir 24,15).

erfassbar. Der Mönch, der auf den Sprossen mehr geht als klettert, spielt dabei ebenfalls eine Rolle. Er ist durch seine – womöglich einer gewissen Unsicherheit in der Darstellung geschuldete – Leichtigkeit in der Bewegung von seinem Grund gelöst, befindet sich im Schritt auf die nächste Sprosse. Mit dieser ungebundenen Beweglichkeit kontrastiert der Stylit. Er steht auf der Säule, mit der er zu einem harmonischen Bildkörper verschmilzt.

Wie im Berliner Bild sind Styliten in zahlreichen Darstellungen auf Säulen gezeigt, die Ikonographie ist oft ähnlich, die große Gemeinsamkeit ist die Säule, auf der die Heiligen stehen. Mit ihr im Fokus nähert sich David Frankfurter den Bildern der Styliten an und erkennt „a common pillar iconography and even a common ideology of pillar representation and devotion".[169] Dabei geht es Frankfurter jedoch weniger um das Aussehen der Säule. Auffällig ist für ihn der Anteil, den die Säule im Vergleich zum Heiligen im Bild einnimmt: „Most pilgrim tokens (or eulogia) of Syrian stylites emphasized the pillar so much that only the head of the saint was visible on top – as if the pillar itself constituted his entire torso."[170] Dieser eher am Rande vorgebrachte Hinweis auf die Verbindung zwischen Säule und Heiligem zu einem Bildelement ist höchst interessant, denn auch im Berliner Bild ist die Einheit von Säule und Heiligem augenfällig. Symeons kastenförmiger Leib wiederholt die eckige Form der Säule, und es ist – unter anderem, aber nicht ausschließlich aufgrund des Erhaltungszustands – nicht eindeutig, wo genau der Stylit endet und die ihn einhegende Sicherung auf der Säule beginnt.[171] Hier schlägt sich die reale Betrachtungssituation am Fuße einer Stylitensäule in der Ikonographie nieder. Aufgrund des Blickwinkels war vor allem der Oberkörper des Heiligen zu sehen, insbesondere, wenn der Stylit nicht nur auf einer über den Säulenschaft auskragenden Platte stand, sondern auch noch von einer Einhegung gesichert wurde.[172] Die Gläubigen kannten den Styliten vermutlich nur so: In der Ansicht auf den Oberkörper reduziert und im Verbund mit einer Säule. Stylit und Säule werden erst in der Anschauungspraxis und dann im Bild faktisch eins.[173] Heather Hunter Crawley sieht in dem unauflöslichen Verbund

---

169 Frankfurter 1990, S. 186.

170 Frankfurter 1990, S. 186.

171 Es wäre zwar denkbar, dass der eckige untere Bereich Teil des Stylitenkörpers und hier kein Aufbau in Form einer Brüstung oder eines Korbes gemeint ist. Jedoch werden die Styliten in jener Zeit und ebenso noch später in der Regel hinter einer Einhegung stehend und damit auf den Oberkörper reduziert dargestellt, so dass dies auch hier anzunehmen ist.

172 In dieser Hinsicht fällt das Silberrelief des Louvre auf, in dessen Darstellung der Heilige auf der Säule mit angezogenen Knien sitzt. Möglicherweise gab es an einzelnen Orten Tribünen zur Organisation des Besucherstroms und zur besseren visuellen Annäherung an den Heiligen, siehe Schachner 2010, S. 340.

173 Damit unterscheiden sich die Darstellungen von Styliten auf Säulen wesentlich von Darstellungen der aus dem griechischen und römischen Raum bekannten Portraitsäulen. Sie sind, etwa

von Symeon und Säule gar eine Erweiterung von Symeons Gliedmaßen: „the column is a limb, holding the saint upright".[174] Doch es scheint vielmehr umgekehrt: Nicht Symeon wird die Säule einverleibt, sie wird nicht zum Teil seines Leibes, sondern er wird zur Säule, nimmt ihre Eigenschaften an: Standfestigkeit, das Solitäre und ihre steinerne Dauerhaftigkeit[175] und Widerständigkeit gegen äußere Einflüsse. Damit steht der Stylit in der Tradition von Jakobus, Kephas und Johannes, die in Paulus' Brief an die Galater (Gal 2,9) mit Säulen verglichen werden.[176]

Das Bild überträgt diese sichtbare Essenz des Stylitentums ins Visuelle. Es veranschaulicht das andauernde Sein auf der Säule und damit das zeitbezogene Säule-Sein wie auch das formale Säule-Sein als das aufrechte Stehen mit reduzierten Bewegungen. Stylit und Säule sind ‚Figuren des Stehens', das bei Symeon zumindest im Bild ein Stillstehen ist. Über ihren piktoralen Stillstand, der geradezu eine Metapher für die fixierende Kraft der Bildkünste ist, eröffnen sich im Berliner Bild „Gegenzeiten zur dominanten temporalen Ordnung".[177] Der Stillstand kann kurz oder lang sein, sobald er eintritt, verändert er das temporale Gefüge. Im Berliner Bild eröffnen sich solche Gegenzeiten über die Betonung der Kontraste: Die unterschiedlichen Frequenzen werden als Temporalstrukturen wirksam und lassen das Zeitliche reflexiv werden.[178]

5.2 Bild werden

In dem Berliner Relief ist kein konkretes Ereignis aus dem Leben eines Säulenheiligen[179] dargestellt, vielmehr handelt es sich um ein Bild, das auf das grundsätzliche Dasein als religiös verehrter und von Gott bedachter Stylit verweist. Gezeigt ist, was die Gläubigen vor Ort sahen, wenn sie Symeon oder andere Styliten be-

---

auf Münzen, so dargestellt, dass sowohl die Säule als auch die auf ihr stehende Skulptur vollständig erkennbar ist. Zwar nehmen auch hier die Säulen einen wesentlichen, zuweilen sogar den größten Raum ein, doch ist das Bildnis auf der Säule immer in Ganzkörperansicht zu sehen. Zu Portraitsäulen der Antike siehe Jordan-Ruwe 1995.

174 Hunter-Crawley 2020, S. 271.

175 Zum Stein als Material und Medium der Dauer Assmann 1991; Shalem 2018.

176 Für die Bedeutung der Säule im Mittelalter und damit zu einer deutlich späteren als der Zeit Symeons siehe Reudenbach 1980; Binding 2003 und 2011; im Fokus steht dort jedoch die Säule als Bauelement in der Kirche, nicht der Solitär.

177 Gronau 2020, S. 333.

178 Zum Reflexiv-Werden des Zeitlichen Gronau 2020, S. 333.

179 Zu Styliten allgemein, in der Regel jedoch mit Fokus auf Symeon Stylites den Älteren Brown 1971; Peña / Castellana / Fernández 1975; Frankfurter 1990; Harvey 1998; Eastmond 1999; Schachner 2010; Grünbart 2014; Hahn 2024.

suchten: Einen auf einer hohen Säule stehenden, bärtigen Mann. Aufgrund fehlender Attribute, die eine konkrete Identifikation ermöglichen würden, lässt sich nur mutmaßen, dass mit der Figur auf der Säule Symeon Stylites der Ältere gemeint ist, wie es bisher weitgehend angenommen wurde. Denn wenngleich der Rückzug und das Stehen auf der Säule nicht erstmalig von Symeon Stylites dem Älteren praktiziert wurden,[180] ist er doch der erste, der als auf einer Säule lebender heiliger Mann[181] eine weit über die Region hinausreichende Verehrung erfuhr. Er avancierte zum Urbild und Vorbild sowohl hinsichtlich des Stylitentums selbst, als auch in Bezug auf seine Darstellung.

Geboren wurde Symeon Stylites der Ältere vermutlich 386.[182] Bereits in jungen Jahren und bis zu seinem Tod im Jahr 459 praktizierte er eine höchst intensive asketische Lebensweise, die darin mündete, dass er einen Großteil seines Lebens auf einer Säule verbrachte.[183] Einem gewissen Antonius zufolge, der sich als Schüler Symeons stilisiert, waren es 47 Jahre, in einer anderen Überlieferung, dem sogenannten syrischen Leben, ist von 37 Jahren die Rede.[184] Symeon gewann eine große Anhängerschaft und selbst über seinen Tod hinaus blieb er lange eine zentrale Figur des Christentums und Vorbild für weitere Säulensteher.[185] Die erste von ihm

---

180 Zu Vorläufern siehe etwa Frankfurter 1990.

181 Zum Konzept des ‚heiligen Mannes' grundlegend Brown 1971.

182 Frankfurter 1990, S. 168, Hübner 2024, S. 123, schreibt „um 390", andere Publikationen nennen leicht abweichende Daten.

183 Von dem Leben und den Wundertaten Symeons berichten verschiedene Texte, als Hauptquellen gelten drei Berichte: Jener des Theodoret, Bischof von Kyrrhos, entstand noch zu Lebzeiten (vermutlich ca. 444), der von einem gewissen Antonius geschriebene Bericht ist unbekannten Datums, das anonyme *Syrische Leben* des Heiligen Simeon Stylites (=Syriac Life) entstand etwa 473, Doran 1992, S. 36. Des Weiteren zu Leben, Darstellung und Nachfolgern des Symeon Stylites Hunter-Crawley 2020.

184 Antonius: The Life, S. 97. Das Syrische Leben (Syriac Life, S. 178) gibt an, dass Symeon insgesamt 47 Jahre in Telneshe verbrachte, davon die ersten 10 Jahre in einer Einhegung stand, dann sieben Jahre auf Säulen von elf, 17 und 22 Ellen Höhe und 30 Jahre auf einer 40 Ellen hohen Säule. Zum von Antonius übernommenen Topos des lebensbeschreibenden Schülers siehe Doran 1992, S. 41–42.

185 Anschaulich wird das Ausmaß seiner Bekanntheit und Verehrung nicht nur über die heute als Qal'at Sim'ān bekannte, um die Säule errichtete Anlage aus Kirche, Martyrion, Kloster und Infrastrukturen für die Pilger, sondern auch durch die drei hagiographischen Texte, die sein Leben beschreiben. Eindrücklich sind die ersten Worte in der Symeons-Vita des Theodoret von Kyrrhos, wenngleich hier hagiographische Topoi und das Interesse an Erhöhung und Legendenbildung berücksichtigt werden müssen: „Symeon, den Gewaltigen, das große Wunder des Erdkreises, kennen alle Untertanen des Römischen Reiches. Es haben ihn aber auch die Perser und Meder und Äthiopier kennen gelernt, und selbst zu den Skythen, den Nomaden, ist sein Ruf gedrungen und hat dort sein mühevolles Tugendleben bekannt gemacht. Ich aber fürchte, obgleich ich sozusagen alle Menschen zu Zeugen seiner Kämpfe habe, die schwacher Worte spotten,

bezogene Säule soll etwa sechs Ellen hoch gewesen sein, wie Theodoret von Kyrrhos berichtet, ein Zeitgenosse Symeons und Autor der ältesten der drei bekannten Lebensbeschreibungen, die noch zu Symeons Lebzeiten entstand.[186] Mehrfach wurde die Säule erhöht: erst auf zwölf, dann auf zweiundzwanzig und das letzte Mal auf sechsunddreißig Ellen.[187] Deutlich wird der ambivalente Charakter der Säule: Sie dient einerseits dazu, den Styliten entsprechend des eremitischen Lebenswunsches den Menschen zu entrücken und Abstand zu gewähren.[188] Andererseits ist sie Teil der die Askese immer stärker intensivierenden Praxis, was wiederum für mehr Aufmerksamkeit sorgt. Von der Säule aus konnte Symeon zudem zu den vielen Gläubigen sprechen, die ihn aufgrund seiner bereits überregional bekannten Praktiken und Wundertaten als Heiligen verehrten, und ihnen ein Vorbild sein.[189] Zugleich bilden Säule und Stylit ein Bindeglied zwischen den Gläubigen und Gott. Der Stylit nimmt die Rolle des im Glauben Vermittelnden ein und durch seine erhöhte Position wird der Blick der Gläubigen bereits bei seiner Betrachtung nach oben, gen Himmel gelenkt. Die Säule wird dabei als ein den Blick und damit die Gedanken gen Himmel lenkendes Element wirksam, das aber ebenso in seiner schlanken, aufstrebenden Dinglichkeit als Mittler zwischen unten und oben, Erde und Himmel fungiert.[190] In dem Berliner Relief manifestiert sich dieses Hinaufstre-

---

es möchte die Erzählung den Späteren als ein Mythus erscheinen, der jeglicher Wahrheit bar ist. Denn was er getan, geht über die menschliche Natur." Theodoret: Mönchsgeschichte, 26.

186 Theodoret: Mönchsgeschichte, 26. Zu den drei Lebensbeschreibungen Doran 1992.

187 Theodoret: Mönchsgeschichte, 26. Das Syrische Leben gibt leicht abweichende Zahlen an, Syriac Life, S. 178. Schachner hat die Längenangaben umgerechnet, davon ausgehend entsprechen sechs Ellen ca. 2,70 m, zwölf Ellen ca. 5,30 m, 22 Ellen ca. 9,70 m, 36 Ellen sind knapp 16 m. Schachner hat bei der Umrechnung die angegebene Höhe nur auf den Säulenschaft bezogen, so dass dann Basis und Schaft zusammen knapp 18 m ergeben. Der Durchmesser der Säule kann mit zwischen 1,8 bis 2 m angenommen werden. Schachner 2010, S. 341.

188 Zum Rückzug in die Höhe siehe Hahn 2024.

189 Auch Theodoret: Mönchsgeschichte, 26, S. 162, reißt das sich aus faktischer Nähe und dem Wunsch nach Ferne ergebende Dilemma an: „Da die Zahl der Pilger stetig wuchs und alles ihn zu berühren und aus seiner Pelzgewandung Segen zu erholen strebte, war er auf den Gedanken gekommen, sich auf eine Säule zu stellen. Fürs erste hielt er dieses Übermaß von Verehrung für unvernünftig, sodann ward er auch über das Belästigende der Sache unwillig. Darum ließ er zunächst eine Säule von sechs Ellen errichten, die er später auf zwölf und darnach auf zweiundzwanzig Ellen erhöhte. Jetzt mißt sie sechsunddreißig Ellen." Zu den sozialen und politischen Funktionen, die Menschen wie Symeon erfüllten, sowie ihren Vorbildcharakter siehe Brown 1971; Doran 1992, S. 18–23; Harvey 1998.

190 Die Verbindung zwischen Säule und Himmel findet sich schon in der Antike, etwa im Mythos um Atlas, von dem zuweilen berichtet wird, dass er die Säulen, die das Himmelsgewölbe tragen, „beaufsichtige oder stütze, oder daß die durch eine Säule markierte Weltachse auf seinen Schultern laste. Das Tragen der Himmelssphären oder des ganzen Kosmos wird so zu einem beherrschenden mit Stütz- und Tragefiguren verbundenen Motiv." Reudenbach 1980, S. 340.

ben vor allem in der Figur des Mönchs auf der Leiter. Er nähert sich Symeon auf zweierlei Weise an: räumlich, indem er sich zu dem auf der Säule stehenden Heiligen hin und damit nach oben bewegt, und formal, da sein Aussehen dem Heiligen stark ähnelt. Der Mönch lässt sich als Identifikationsfigur für alle Gläubigen verstehen, die an den Heiligen heranrücken, der wortwörtlich als Mittler zwischen ihnen und Gott *steht*. Der Weg zu Symeon wird so zum Weg zu Gott.

Bereits im 2. Jahrhundert berichtet Lukian von Gläubigen, die zum Zweck des Gebets auf Säulen steigen.[191] Im dauerhaften Leben auf der Säule wird diese Praxis intensiviert, zudem manifestiert sich auf diese Weise der Wunsch des Aufstiegs in den Himmel.[192] Mittels Askese, Gebet und Selbstverortung[193] in der Höhe und dem dortigen Verbleiben wird das Ersehnte als irdische Analogie vorweggenommen und mithilfe des eigenen Körpers projiziert. Gott sitzt im Himmel und so ist das Leben des Styliten in der Höhe seine größtmögliche irdische und physische Annäherung an das ersehnte Ziel.[194] Auch Theodoret von Kyrrhos schreibt, der Stylit wünsche „zum Himmel aufzufliegen und von diesem irdischen Getriebe sich zu lösen."[195]

Wie die Säule Symeons des Älteren einst aussah, ist unbekannt. Zuletzt war von ihr nur noch die Basis erhalten (Abb. 24).[196] Der Begriff Säule gibt, wie die erhaltenen Überreste und Lukas A. Schachner mit einer Sichtung der schriftlichen Belege zeigen, diesbezüglich keinen Aufschluss. Er ist nicht im Sinne einer hinsichtlich ihrer Bedeutung enggefassten Vokabel aus der heutigen Baustilkunde zu verstehen, daher kann in den syrischen Texten mit ‚Säule' ebenso ein Turm gemeint sein. Ferner weisen die archäologischen Befunde darauf hin, dass die im Deutschen als Säulen bezeichneten Bauten sowohl aus massivem Stein als auch gemauert sein und zudem einen runden

---

191 Lucian: Syrian Goddess, 29.

192 Hunter-Crawley 2020, S. 269–270, für die Säule als Instrument des Aufstiegs wesentlich zur Heiligkeit Symeons beiträgt. Der Wunsch nach dem Aufstieg äußert sich aber auch in verschiedenen weiteren Mikrohandlungen wie dem Ausstrecken der Arme gen Himmel oder dem Nach-Oben-Richten des Blicks, wie Hunter-Crawley ebd. zeigt.

193 Reinert 2002, Sp. 1113.

194 Die besondere Bedeutung der Höhe als Nähe zum Himmel wird in einer Inschrift an der Säule des in Konstantinopel beheimateten Styliten Daniel ersichtlich, in der der Stylit als zwischen Erde und Himmel stehend beschrieben wird, siehe Greek Anthology, Nr. 99, S. 62–63. Der Wunsch nach räumlicher Annäherung zeigt sich zudem darin, dass Anachoreten sich ebenfalls auf Berggipfel zurückzogen und auch Klöster in der Höhe gebaut wurden. Zum Rückzug in die Höhe siehe auch Hahn 2024.

195 Theodoret: Mönchsgeschichte 26, S. 162.

196 Das auf jüngeren Bildern auf der Basis liegende Bruchstück wurde wohl im Zuge von Restaurierungsarbeiten dort platziert, siehe die bei Tchalenko 2019 [1976] gedruckten Fotografien oder auch Abb. 24, auf der sich eine Person vor dem noch leeren Sockel befindet, wodurch zudem die Größenverhältnisse anschaulich werden.

oder eckigen Querschnitt besitzen konnten.[197] Für das Berliner Relief ist der Vergleich mit den erhaltenen Überresten[198] der Säule Symeons und anderer Säulen aufschlussreich. So zeigen sich mehrere Übereinstimmungen zwischen Bild und Überresten wie der auf einer zweistufigen Basis stehende Schaft und die oben aufliegende und über den Schaft auskragende Plattform mit der sichernden Einhegung. Im Berliner Relief weist der Schaft im oberen Drittel eine Vertiefung auf, eine rundbogige Nische, wie sie auch von anderen Stylitensäulen bekannt ist.[199]

In der Verehrung Symeons des Älteren nimmt die Säule einerseits als bildliche Darstellung und andererseits als Artefakt mit einer eigenen Materialität eine zentrale Stellung ein. Symeons Leichnam wurde kurz nach seinem Tod nach Antiochia überführt und dort begraben.[200] Am Ort seines Wirkens war nur die Säule dem Blick und der Verehrung zugänglich, nicht aber das Grab und der Körper des heiligen Mannes. Um sie herum wurde nur etwas mehr als zehn Jahre nach Symeons Tod eine große Anlage errichtet, die seit dem Mittelalter unter dem Namen Qal'at Sim'ān bekannt ist. Im 6. Jahrhundert umfasste sie eine Kirche mit drei Apsiden und drei Schiffen, die im Westen an das die Säule umschließende Oktogon stieß. Von letzterem gingen drei weitere dreischiffige Basilikabauten ab, so dass sich eine Kreuzform mit der Säule im Zentrum bildete.[201] Schlussendlich war es immer die Säule, die alles überdauerte, die der Verehrung und dem Blick noch verfügbar blieb, nachdem ‚ihr' Stylit bereits verstorben war. In dieser Hinsicht erweist sie sich als bleibendes, Dauer vermittelndes Objekt, das als Attribut des Styliten eine zeichenhafte Qualität gewinnt.

Dass Symeon dem Älteren und seiner Säule nicht nur hinsichtlich der Askesepraxis, sondern ebenfalls in Bezug auf die Ikonographie eine Vorbildfunktion zukommt,

---

197 Schachner 2010, S. 332–335. Für die Zeit des Mittelalters hat Binding 2003, S. 4, und ausführlich 2011 darauf hingewiesen, dass in Texten bis ins 11. Jh. nicht zwischen Säule und Pfeiler unterschieden wurde. Zu einem jüngeren, gemauerten Stylitenturm siehe Intrigila u. a. 2024.
198 Siehe für den Vergleich die zahlreichen Abbildungen bei Schachner 2010.
199 Schachner 2010, S. 247 und Abb. 5a; Hamarneh / Marino 2021; Intrigila u. a. 2024. Die Funktion der Nische ist nicht geklärt. Bisher nicht identifiziert ist auch die Form, die in die Basis der Säule eingearbeitet wurde. Sie erinnert an einen Behälter mit aufgesetztem Trichter. Schachner 2010, S. 337, Anm. 24, vermutet eine liturgische Funktion. Möglicherweise ist eine Stelle gemeint, an der Gaben für den heiligen Mann niedergelegt wurden. Die Praxis, am Fuße der Säule Geschenke zu hinterlassen, wurde von Lukian im 2. Jahrhundert für andere Säulensteher beschrieben: „Many visitors put gold and silver, or bronze, which they use as money, into a basket that lies before the phallus, each announcing his own name. A helper who stands alongside calls it upwards. [...]", Lucian: Syrian Goddess, 29, S. 269.
200 Eastmond 1999, S. 90.
201 Dazu kommen ein Kloster, ein Baptisterium und Pilgerherbergen. Siehe die Grundrisse und Rekonstruktionen bei Tchalenko 2019 [1976] und Hahn 2024.

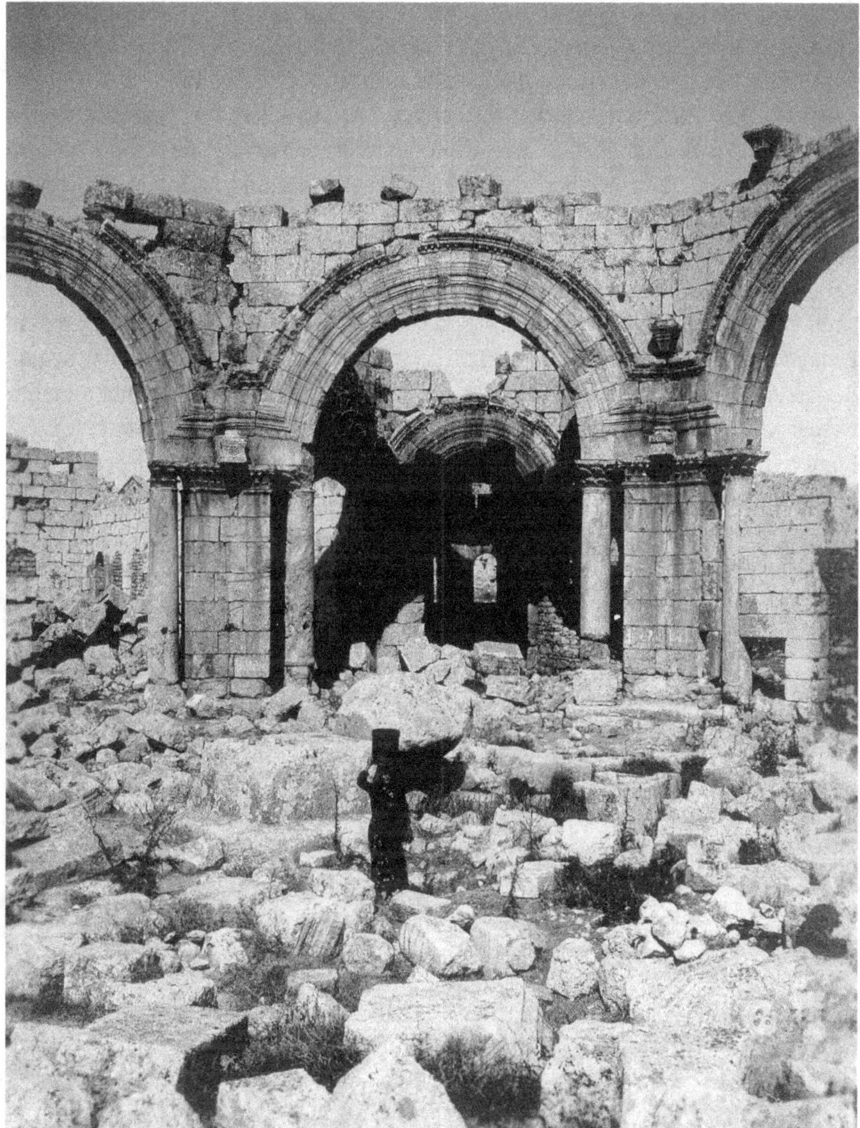

Abb. 24: Oktogon mit Basis der Säule Symeon Stylites des Älteren in Qal'at Sim'ān, Fotografie, vermutlich 1930er Jahre. Paris, Bibliothèque nationale de France, département Société de Géographie, SG WD-353, 26 photographies de Syrie et du Liban, vue 47 / F. 24. Bild: Bibliothèque nationale de France, Public Domain, https://gallica.bnf.fr/ark:/12148/btv1b53246416p (letzter Zugriff 11.11.2025).

deutet ein sich heute im Louvre befindendes Relief an (Abb. 25).[202] Es zeigt eine Säule mit einem Styliten und einer Leiter. Gegenüber dem Berliner Relief ist die Darstellung reduziert, der Mönch mit dem Weihrauchgefäß und die Taube des Heiligen Geistes fehlen. Mit ihren seitlich ausgebreiteten Armen bildet die Figur des Styliten die Kreuzesform nach. Ebenso wie im Berliner Relief ist von links eine Leiter an die Säule gelehnt. Letztere besitzt hier wie dort eine gestufte Basis, eine Nische im oberen Bereich und eine auskragende Plattform. Das Relief weist zudem verschiedene Inschriften auf, von denen eine die dargestellte Figur als Heiligen Symeon benennt und eine andere die Datierung des Stücks auf das Jahr 492 zulässt.[203] Die Säule mit Styliten und stufiger Basis sowie die an der Säule lehnende Leiter sind Elemente, die sich auf den meisten figürlichen[204] Styliten-Darstellungen der Region finden. Auch der Mönch auf der Leiter sowie das Weihrauchgefäß kommen immer wieder vor. Aufgrund dieser Vorbildhaftigkeit oder Allgemeingültigkeit ist nicht immer zu sagen, ob in Darstellungen ohne benennende Inschrift Symeon Stylites der Ältere oder der ebenfalls sehr populäre, jedoch später, von 521 bis 592 lebende Symeon der Jüngere gemeint ist.[205]

Eine Verwendung der einfachen, auf wenige Elemente reduzierten Ikonographie für verschiedene Styliten ist grundsätzlich möglich, da eben kein individuelles Geschehnis aus dem Leben Symeons (oder eines anderen Styliten) wiedergegeben ist, sondern vielmehr die Merkmale des Stylitentums vermittelt werden. Die Ikonographie des Proto-Styliten Symeon des Älteren war auf diese Weise für verschiedene Orte und verschiedene Heilige nutzbar. Dadurch besitzen die Bilder selbst eine Dauer, eine übergeordnete Gültigkeit, die die Realzeit in aufgezeichnete Zeit überführt.[206] Hinsichtlich der Ikonographie und ihres Werdens mitzudenken ist sicherlich, dass sich die Styliten ähnelten, wenn sie von unten betrachtet wurden: Im Wesentlichen waren es auf mehr oder weniger hohen Säulen stehende, ausgemergelte und von den Umwelteinflüssen ge-

---

202 Basaltstele mit Stylitendarstellung, 5./6. Jahrhundert (Syrien), Basalt, 124 x 38 x 30 cm, https://collections.louvre.fr/en/ark:/53355/cl010277145 (letzter Zugriff 11.07.2025).
203 Elbern 1965, S. 284–285.
204 Es gibt auch eine Reihe von zeichenhaften Darstellungen, die als abstrahierte Form des auf der Säule stehenden Styliten verstanden werden können, siehe Fernández 1985, S. 129–151.
205 Symeon Stylites der Jüngere verbrachte sein Stylitendasein bei Antiochia, wo er auch begraben wurde. Seine Säule befand sich auf dem ‚Wunderberg‘, wo ähnlich wie im Fall von Telneshe / Qal'at Sim'ān eine Kirche, Klosteranlagen und Herbergen für die Pilgerströme errichtet wurden.
206 Siehe Virilio 1998, S. 19: „Für Einstein unterschied lediglich die Dauer ihrer Gültigkeit eine richtige von einer falschen Theorie: einige Jahre, einige Jahrzehnte für die eine, einige Momente, einige Tage für die zweite ... Ist es mit den Bildern nicht dasselbe? Mit dieser Frage nach der Gültigkeitsdauer des Bildes, dieses wesenhaften Unterschiedes zwischen dem Bild in ‚Realzeit‘ und in ‚aufgezeichneter‘ Zeit?"

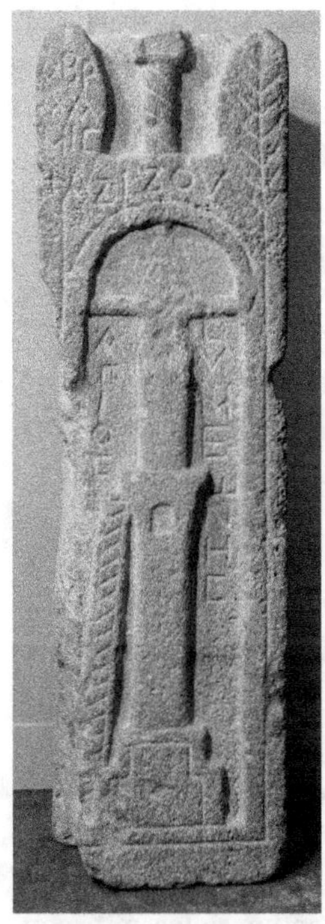

Abb. 25: Symeon Stylites, 5./6. Jh. (Syrien), Basalt, 124 x 38 x 30 cm. Paris, Musée de Louvre, Inv. Ma 3466. Bild: © 1971 Musée du Louvre, Dist. GrandPalaisRmn / Maurice et Pierre Chuzeville, https://collec tions.louvre.fr/ark:/53355/cl010277145 (letzter Zugriff 25.08.2025).

zeichnete Männer.[207] Dass sie nicht in individuellen Haltungen dargestellt wurden, sondern in einer eher abstrakten Form eines „Stehens an sich",[208] um mit Jan Assmann zu sprechen, deutet neben der Reduktion auf die wesentlichen Merkmale auch auf einen das Zeitliche berücksichtigenden Ansatz. Gerade die Ent-Individualisierung hebt die physische Veränderung auf, die die Styliten über die Zeit durchlaufen. Und so sind es im Berliner Bild allein der Mönch und der Vogel, die für einen momenthaften Eindruck sorgen.

Im Säule-Sein und Bild-Werden Symeons realisiert sich das asketische Leben selbst. Deutlich wird dies mit einem Blick in den Prolog der *Mönchsgeschichte* Theodorets von Kyrrhos. In der *Mönchsgeschichte* behandelt Theodoret das Leben von 30 Mön-

---

207 Noch etwas ist hinsichtlich der offenbar eher zeichenhaft als individuell zu verstehenden Ikonographie aufschlussreich: Funde von Eulogien bei Qalʿat Simʿān sowie eine Analyse der chemischen Zusammensetzung des Materials von weiteren Eulogien lassen den Schluss zu, dass in Qalʿat Simʿān Eulogien mit Darstellungen Symeons des Jüngeren gefertigt wurden. Dies zeigt, dass die Stätte, an der Symeon der Ältere verehrt wurde, auch ein Zentrum der Bildproduktion war, Schachner 2010 u. a. mit Bezug auf Vikan 1994.

208 Assmann 1991, S. 34.

chen, von denen die ersten 20 zum Zeitpunkt der Abfassung des Textes bereits verstorben waren. In der einführenden Passage beschreibt er das asketische Leben der im Folgenden verzeichneten „trefflichsten Männer und Tugendstreiter"[209] als Nacheifern, mit dem die Tugendhaftigkeit der heiligen Vorbilder erreicht werden soll. Askese wird als ein „dynamischer Prozess der spirituellen Entwicklung" erkennbar.[210] Dieses Streben und der Wunsch nach Gottesnähe drücken sich nicht über die Imitation von Handlungen oder Lebensführung aus, sondern körperlich über die asketischen Praktiken. Es sind der Nachvollzug und das Aushalten von Schmerz, mit dem sich die Asketen an das leidvolle Leben und Sterben ihrer Vorbilder annähern. In der Einführung stilisiert Theodoret diese Beziehung im bildlichen Sinne als ein Verhältnis zwischen Vorbild und Abbild: „Sie selbst haben die hohe Tugend der früheren Heiligen nachgeahmt, nicht in Erz und Buchstaben ihr Andenken eingrabend, sondern ihr ganzes Tugendstreben im eigenen Ich abformend, lebendige Bilder und Statuen gleichsam geworden."[211] In der Annäherung an die Vorbilder fallen das Säule-Sein und das Bild-Werden zusammen.

Vor dem Hintergrund stylitischer Praktiken, insbesondere mit Blick auf den ersten überregional berühmten Styliten Symeon den Älteren, wird deutlich, dass die im Berliner Relief evident werdende Dauer eine Beschreibung stylitischer Qualitäten ist. Ausdauern erscheint als ein Weg zum Wandel. Wie schon zuvor Jona erweisen sich die Styliten als Zeitfiguren, denen temporale Merkmale über die von ihnen vollzogenen Praktiken eingeschrieben sind. Im Stylitentum fallen miteinander kontrastierende Momente und Zustände zusammen, was im Bild wahrnehmbar wird: Aufstieg geschieht durch Stillstand, Dauer führt zu Wandel, Veränderung geschieht durch Unveränderlichkeit. Der immer wieder adressierte Kontrast ist auch einer zwischen innen und außen, denn das Andauern und Ausdauern besteht im Körperlichen, die Veränderung vollzieht sich im Inneren, im Geistigen. Für die Betrachter:innen des Styliten selbst und für die Betrachter:innen seines Bildes wird das Andauern durch die Sichtbarkeit zu einer ästhetischen Kategorie, die diese Vorgänge reflektiert: Über das Verweilen auf der Säule öffnet sich eine von nicht alltäglichen Rhythmen, Intervallen und Frequenzen bestimmte Ordnung der Zeit, die sichtbar ist, an der von außen partizipiert, in die aber nicht eingedrungen werden kann.

---

209 Theodoret: Mönchsgeschichte, Prolog, S. 22.
210 Reinert 2002, Sp. 1113.
211 Theodoret, Mönchsgeschichte, Prolog, S. 22.

6 Temporale Beziehungen

„Die Zeit“, schreibt Niklas Luhmann, „ist in ihrer vollen Verwirklichung komplexer, als mit einer bloßen Chronologie festgehalten werden kann.“[212] Die zuvor behandelten Werke sind nur wenige von vielen Belegen dafür, dass sich dessen bereits die christlichen Gemeinschaften und Kulturen der Spätantike und des Mittelalters bewusst waren.[213] Zeit wurde nicht nur als Vergangenheit, Gegenwart und Zukunft gedacht, spannte sich nicht allein als Geschichte zwischen Anfang und Ende auf, sondern wurde in ihrer umfangreichen Vielfalt und Komplexität wahrgenommen. In den (Bild-)Künsten wurde das Zeitliche als Vermittler eingesetzt, es wurde genutzt, um Neues hervorzubringen und Bekanntes zu spezifizieren. Dem Nachdenken über Zeit zum einen und der bildkünstlerischen Nutzbarmachung des Zeitlichen zum anderen kommt jedoch auch eine systemische Relevanz zu – im Verlauf der Untersuchungen ist dies immer wieder angeklungen.

Im sozio-religiösen System des Christentums übernehmen temporale Beziehungen unterschiedliche Aufgaben: Mit der Schöpfung am Anfang und der Apokalypse beziehungsweise dem Neuen Jerusalem am Ende ist eine zeitliche Klammer gesetzt, in der sich die Geschichte vollzieht und das Heilsgeschehen erfüllt. In diesem Rahmen finden sich vielerlei weitere temporale Verknüpfungen, die das Innere verdichten und so zu raumzeitlichen und moraldidaktischen Koordinaten werden. Hierzu zählen jene mittels Typologie, Liturgie und anderer verzeitlichender Praktiken (wie Gebet oder Reliquienverehrung) in der Geschichte angelegte normative, über einen längeren Zeitraum Gültigkeit besitzende Verbindungen. Hinzu kommen die Organisation von Zeitverläufen abbildende Setzungen, wie sie etwa im Jahresbild oder in der bifokalen Anlage von Seite A der Staurothek von Pliska zu sehen sind. Derlei Beziehungen werden strategisch gesetzt, besitzen eine gewisse Verbindlichkeit und unterstützen die Verortung der Gläubigen im heilsgeschichtlichen Ganzen. Indem sie Ereignissen multiple Bezugspunkte zuweisen, verdichten sie die Geschichte und steigern damit sowohl deren Komplexität als auch die des Systems, das sich diese Geschichte als Gründungs-

---

212 Luhmann 1980, S. 242. In der dazugehörigen Fußnote setzt er noch nach: „Das wird wohl kaum bestritten werden.“
213 Und damit waren sie in der Vormoderne nicht die einzigen, wie unter anderem zahlreiche weitere vom Einstein Center Chronoi geförderte Forschungsarbeiten zeigen.

und Rahmenerzählung gesetzt hat.[214] Eine solche multiple temporale Veranke-rung kann etwa am Beispiel des Propheten Jona beobachtet werden: Berufung, Flucht, Begegnung mit dem Wal, Predigt in Ninive und Rückzug unter die Kürbis-laube sind chronologisch aufeinanderfolgende Ereignisse. Als Prophet ist Jona zudem im Besitz von Wissen über das noch Kommende, das heißt die den Bür-gern von Ninive drohende Strafe. Proleptisch wird diese Information schon den Rezipient:innen der schriftlich überlieferten Erzählung bekannt gemacht: Ohne Umkehr steht Ninive das Verderben bevor. Wie andere Prophetenerzählungen ist auch diese Beleg für das Vergangenheit, Gegenwart und Zukunft umfassende All-wissen Gottes: Die Verschlingung durch den Wal, der dreitägige Verbleib in des-sen Bauch und die Ausspeiung sind Vorboten des Späteren, sie präfigurieren die drei Tage zwischen Tod und Auferstehung Christi. Das bereits in der historischen Ereignischronologie evident werdende Ordnen in ein Vorher und ein Nachher ge-winnt nun eine andere Dimension, das Frühere wird als Zeichen des Späteren evident. Schließlich kulminiert das Gefüge in der Gegenwart im Vollzug der Oster-feier. Das Dichter-Werden des temporalen Geflechts hat den Vorteil, dass mehr historische Bezugspunkte faktisch oder assoziativ an die Gegenwart heranrücken. In praxeologischen Zusammenhängen ließe sich diesbezüglich von Vergegenwär-tigung sprechen. In dieser Hinsicht kann das strategische zeitliche Verknüpfen von Ereignissen respektive das Aufzeigen dieser Beziehungen in Bildern oder ihr Aufrufen in Praktiken stabilisierend wirken. Denn in einem dichteren temporalen Geflecht finden sich mehr Optionen für die Gläubigen, ihr Handeln und ihre Ge-genwart mit den Ereignissen der Vergangenheit und der erwarteten Zukunft in Beziehung zu setzen sowie moralische Lehren daraus zu ziehen, während der Er-wartungshorizont selbst konstant bleibt.[215] Zugleich eröffnen sich neue Möglich-keiten, das Heilsversprechen zu vermitteln und greifbar zu machen. Verschie-dentlich wurden solche Vorgänge im Zuge systemtheoretischer Untersuchungen beschrieben, wenngleich es dabei in der Regel um moderne Gesellschaften ging. Beispielhaft sei auf Elena Esposito verwiesen, die pointiert Luhmann aufgreift, wenn sie daran erinnert, dass „ein temporalisiertes System die Zeit [...] zur Steige-rung der eigenen Komplexität benutzen kann, um Möglichkeiten zu entwerfen und zu verarbeiten".[216] Auch das Christentum besitzt als temporalisiertes System

---

214 „Höhere Komplexität in Systemen wird erst möglich, wenn die Umwelt keine Zufallsvertei-lung aufweist, sondern ihrerseits durch Systeme in der Umwelt selektiv strukturiert ist." Luh-mann 1999 [1984], S. 48; auf S. 46 ebd. spricht selbiger von einer „organisierten Komplexität", da die sie ausmachenden Beziehungen selektiv sind. Zur zeitlichen Komplexität sozialer Systeme, allerdings mit Fokus auf die Moderne, siehe Esposito 2007; Rosa 2005.
215 Zum stabilen Erwartungshorizont Rosa 2005, S. 360 und passim.
216 Esposito 2007, S. 28.

seit jeher eine autopoietische Ausrichtung. Mit jeder Erzählung, mit jedem temporalen In-Beziehung-Setzen bringt sich das System selbst hervor und stabilisiert sich damit zugleich.[217] In anderen Worten: Mit jeder neu gesetzten strategischen Beziehung wird ein neuer Teil des Systems erschlossen, werden weitere Aspekte des christlichen Glaubens offengelegt und wird der theologische Rahmen aus sich selbst heraus bestätigt.

Von strategisch gesetzten Zeitbeziehungen unterscheiden sich situative Verbindungen weniger in ihrem Wesen – beide operieren auf Basis des Vergleichens – als hinsichtlich ihrer Funktionalität und des Bezugsrahmens, in dem sie gesetzt werden. Trägt das strategische In-Beziehung-Setzen zur Ausformung, Bestätigung und Erneuerung des christlichen Systems bei, so entwerfen situative Beziehungen Verbindungen zur Lebenswelt. Sie haben keine aus der Geschichte abgeleitete normativ-strukturierende Funktion, sondern werden aus dem jeweiligen Werk und seinen spezifischen Konditionen heraus entwickelt. Deutlich wird dies etwa am Beispiel der Hildesheimer Handschrift. Sie wartet mit bekannten Themen und Ikonographien auf, doch erst über ihre spezifische, auf das Zusammenspiel von Bildkomposition und Medium setzende Konfiguration werden die Doppelseiten selbst zu Zeitlichkeit produzierenden Akteurinnen. Situative Beziehungen ermöglichen den Gläubigen eine Art der Selbstverortung im System, die nicht über allgemeingültige Koordinaten und narrative Linien zwischen Vergangenheit, Gegenwart und Zukunft – das heißt die historische Zeit – gespielt wird, sondern über lebensweltliche Zeiterfahrungen. Zählbarkeit, Gleichzeitigkeit, Koinzidenz, Rhythmus, Dauer oder Wandel sind Aspekte des Zeitlichen, die sich – wie in den betrachteten Objekten gesehen – auf vielfältige Weise manifestieren und sinnlich wahrgenommen werden können. Damit unterscheiden sie sich von den strategischen Zeitbeziehungen, die narrativ gesetzt und kommuniziert respektive in Worten, Bildern und Handlungen vermittelt, aber eben nicht *per se* über die Sinne wahrgenommen werden. Situative Zeitbeziehungen sind Zeugnisse einer Reflexion lebensweltlicher Zeiterfahrung, die sowohl die Wahrnehmbarkeit von Zeit betrifft als auch ihre Eigenschaften und das aus ihr Erwachsende. Ein neuerlicher Blick auf die Wellen des Mosaikfußbodens von Sant'Eufemia zeigt dies besonders eindrücklich. Sie greifen auf, was die Bewohner:innen von Grado tagtäglich außerhalb der Kirche sehen: ein von den rhythmischen Bewegungen des Meeres hinterlassenes Muster. Das Mosaik spiegelt die visuelle Alltagserfahrung (die im Übrigen zugleich eine auditive ist: die Küste klingt bei Ebbe anders als bei Flut), transformiert sie und lässt so nicht nur das Zeitliche, sondern auch die Schöp-

---

217 Luhmann 1982; eine Übersicht zur Autopoiesis sozialer Systeme nach Luhmann bietet Esposito 1998a, dort auch die Angaben zu weiteren Stellen bei Luhmann.

fung von Natur und Zeit im Bildlichen sinnfällig werden. Zudem verbinden sich hier – wie oben bereits angesprochen – System und Umwelt auf eine Weise, die die Umwelt paradoxerweise zu einem Teil des Systems werden lässt, wenngleich selbiges nur im Kontrast zur Umwelt Bestand haben kann.[218] Über die situativen Zeitbeziehungen lässt sich das lebensweltliche Zeiterleben mit dem religiösen System verknüpfen, auf diese Weise bieten sich den Gläubigen immer wieder neue Orientierungspunkte, die ihre Gegenwart auch in Erzählungen der Vergangenheit sichtbar werden lassen.

Das Meer tritt so zudem als Zeitfigur in Erscheinung, sind doch Wellen und Gezeiten Formen, in denen das Zeitliche anschaulich wird. Gemein ist den als Zeitfiguren ausgemachten Charakteren und Motiven, dass die ihnen innewohnende Zeitlichkeit als Potenzial für ein weiterführendes, zuweilen komplexeres Nachdenken über das Zeitliche gesehen wurde. Die Zeitfigur erweist sich damit als eine das Temporale fokussierende Denkfigur. Vor diesem Hintergrund kann die Zeitspanne, die Jona unter der Kürbisranke verbringt, zu einer Metapher für eine Zeit bestimmter Qualität werden, kann die erste Schöpfungserzählung leicht dazu genutzt werden, die Zählbarkeit der Tage und damit die Quantifizierbarkeit der Zeit zu thematisieren. Durch die zusätzliche Deutungsmöglichkeit der geflügelten Figuren als Verweis auf die Weltzeitalterlehre eröffnen sich in dem Genesismosaik aus Alltagserfahrungen und dem individuellen Bildungshintergrund heraus Anknüpfungspunkte sowohl für theologisch geschulte Personen als auch für solche mit einem weniger umfangreichen religiösen Wissen. Symeon Stylites wiederum, der durch das andauernde Stehen auf der Säule das Zeitregime seines unmittelbaren Umfeldes verändert, kann dazu herangezogen werden, auf die Zusammenhänge von Dauer, beständiger Festigkeit im Glauben und dem daraus erwachsenden Wandel aufmerksam zu machen.

Beim Blick auf die Mittel und Wege, Zeit wahrnehmbar zu machen, zeigte sich, was bereits eingangs angesprochen wurde: Zeit bleibt in den Kunstwerken unsichtbar. Sichtbar gemacht werden hingegen zeitliche Bezüge zwischen Ereignissen, zeitliche Eigenschaften. Dabei geht es nicht um das Aufzeigen von ‚der Zeit‘ als Phänomen an sich und ebenso wenig um die großen christlichen Zeiterzählungen von Anfang und Ende, Heilsgeschichte und Vorherbestimmung. Die Kunstwerke greifen einzelne Bereiche dessen auf, was gemeinhin unter dem Begriff ‚Zeit‘ subsumiert und abstrahiert wird: Vergangenheit, Zukunft und mit ihnen die Gegenwart, zyklische oder lineare Verläufe, Simultaneität, Asynchronizität und temporale Analogien, Dauer und Wandel. Was geschieht, ist ein In-Beziehung-Setzen von Ereignissen, wodurch Facetten vermittelt werden, die nie als pars pro

---

218 Siehe oben, S. 48.

toto oder ‚die Zeit' selbst, aber immer als Teil eines größeren Ganzen zu verstehen sind. Deutlich wird: Obschon der narrativ gesetzte Rahmen unhintergehbar ist, dominiert er nicht jegliche Perspektive auf das Zeitliche. Und: Das Zeitliche wird in der christlichen Kunst nicht auf die von Gott planvoll angelegte, auf ein Ziel zulaufende Geschichte reduziert, sondern in seinen Zusammenhänge hervorbringenden Aspekten wahrgenommen. Die sich zeigende temporale Vielfalt lässt den narrativen Rahmen und die darin adressierten lebensweltlichen Zeitlichkeiten als komplementär zusammengehörig erscheinen.

Die Kunstwerke, die im vorliegenden Buch herangezogen wurden, um etwas über das Zeitdenken der christlichen Spätantike und des Mittelalters zu erfahren, sind aktiv an der Bestätigung und Gestaltung von Zeitbeziehungen beteiligt. Sie ordnen sich in die rahmengebenden christlichen Zeitgefüge ein, klären Beziehungen, etablieren Ordnungen und tragen zu einer differenzierten Füllung des den christlichen Glauben systemisch und praxeologisch strukturierenden Rahmens bei. Sie machen, und hier liegt wohl das größte Potenzial der Sichtbarmachung zeitlicher Beziehungen, die Komplexität des Gesamtgefüges visuell nachvollziehbar, indem sie Zeit als Stifterin von Beziehungen verstehen. Zeit verbindet, und die Artefakte machen in diesem Sinne ‚nur' sichtbar, was bereits vorhanden ist. Dabei nutzen sie unterschiedliche Bezugspunkte und greifen sowohl auf narrative Systeme als auch auf lebensweltliche Erfahrungen zurück. Da Zeit schon in den zuvor verhandelten Bildern nur als Teil des Ganzen erscheint, tritt die lebensweltliche Erfahrung nie in Konkurrenz zu den Motiven und religiösen Wahrheiten, die von den Werken vermittelt werden. Vielmehr unterstützt sie dabei, diese Inhalte innerhalb der großen christlichen Zeiterzählung mit anderen Themen und Ereignissen zu verweben und so die innere Dichte des religiösen Konstrukts zu erhöhen. Der auf den zurückliegenden Seiten erfolgte Blick auf die Bildkünste zwischen Spätantike und Mittelalter zeigt, dass Zeit schon damals, um auf eine Formulierung Norbert Elias' zurückzugreifen, als „ein oft recht komplexes Netzwerk von Beziehungen"[219] verstanden wurde. Verstanden wurde aber auch, sich diese Erkenntnis und diese Beziehungen zunutze zu machen.

---

219 Elias 2021 [1984], S. 23.

Bibliographie

Primärliteratur

Antonius: Life = Antonius: The Life & Daily Mode of Living of the Blessed Simeon the Stylite, in: The Lives of Simeon Stylites, übersetzt von Robert Doran (Cistercian Studies Series 112), Kalamazoo 1992, S. 85–100 und S. 225–229.

Aristoteles: Physik = Aristoteles' Physik. Vorlesung über die Natur. Griechisch-deutsch, 2 Bde., übersetzt und hg. von Hans Günter Zekl, Hamburg 1987.

Augustinus: Bekenntnisse = Des heiligen Kirchenvaters Aurelius Augustinus Bekenntnisse, aus dem Lateinischen übersetzt von Alfred Hoffmann (Bibliothek der Kirchenväter, 1. Reihe, 18; Augustinus Band VII), Kempten / München 1914.

Augustinus: Confessiones = Sancti Aurelii Augustini opera. Sectio 1, pars 1, Sancti Aureli Augustini Confessionum libri tredecim (Corpus scriptorum ecclesiasticorum latinorum 33), hg. und kommentiert von Pius Knöll, Prag / Wien 1896.

Augustinus: Gottesstaat = Augustinus: Zweiundzwanzig Bücher über den Gottesstaat, in: Des Heiligen Kirchenvaters Aurelius Augustinus zweiundzwanzig Bücher über den Gottesstaat, aus dem Lateinischen übersetzt von Alfred Schröder (Des heiligen Kirchenvaters Aurelius Augustinus ausgewählte Schriften 1–3; Bibliothek der Kirchenväter 1. Reihe, 1, 16, 28), Kempten / München 1911–1916.

Augustinus: De Genesi contra Manichaeos = Augustinus: De Genesi contra Manichaeos, hg. von Dorothea Weber (Corpus Scriptorum Ecclesiasticorum Latinorum 91), Wien 1998.

Basilius von Cäsarea: Briefe = Basilius von Cäsarea: Ausgewählte Briefe, in: Des heiligen Kirchenlehrers Basilius des Grossen ausgewählte Schriften, aus dem Griechischen übersetzt von Anton Stegmann (Des heiligen Kirchenlehrers Basilius des Grossen ausgewählte Schriften 1 / Bibliothek der Kirchenväter 1. Reihe, 46), Kempten / München 1925.

Biblia sacra vulgata = Biblia sacra vulgata. Lateinisch-deutsch (Sammlung Tusculum), 5 Bde., hg. von Michael Fieger / Widu-Wolfgang Ehlers / Andreas Beriger, Berlin / Boston 2018–2019.

Fabri de Peiresc: Papiers = Papiers et correspondance de Claude Fabri de Peiresc. Recueil de dessins et notices de monuments et d'objets antiques, égyptiens, grecs, romains et du moyen-âge: statues, bas-reliefs, monuments divers, pierres gravées, objets d'art, inscriptions, miniatures de manuscrits, etc., d'Orient, d'Italie, de France, etc. Paris, Bibliothèque nationale de France, Ms. fr. 9530.

Greek Anthology = The Greek Anthology. Bd. 1: Bücher 1–5, übersetzt von W. R. Paton (Loeb Classical Library 67), Cambridge, Mass. 2014.

Lucian: Syrian Goddess = Lucian: On the Syrian Goddess, hg., übersetzt und kommentiert von Jane L. Lightfoot, Oxford 2003.

Plinius: Naturkunde = C. Plinius Secundus d. Ä.: Naturkunde / C. Plinii Secundi: Naturalis historia libri XXXVI, hg. und übersetzt von Roderich König in Zusammenarbeit mit Gerhard Winkler, Wolfgang Glöckler und Joachim Hopp, München / Zürich 1973–2004.

Syriac Life = The Syriac Life of Saint Symeon Stylites, in: The Lives of Simeon Stylites, übersetzt von Robert Doran (Cistercian Studies Series 112), Kalamazoo 1992, S. 101–198.

Tertullian: Auferstehung = Tertullian: Über die Auferstehung des Fleisches, in: Tertullians sämtliche Schriften. Bd. 2: Die dogmatischen und polemischen Schriften, übersetzt von Karl Adam Heinrich Kellner, Köln 1882, S. 417–507.

Tertullian: Marcion = Tertullian: Die fünf Bücher gegen Marcion (Adversus Marcionem), in: Tertullians sämtliche Schriften, aus dem Lateinischen übersetzt von Karl Adam Heinrich Kellner, Köln 1882.

Tertullian: Resurrectione = Tertullian: De resurrectione mortuorum (Library of Latin Texts, Series A), 2010, http://clt.brepolis.net/LLTA/pages/TextSearch.aspx?key=PTERT0019_ (lizenzpflichtig; letzter Zugriff: 28.08.2025).

Theodoret: Mönchsgeschichte = Theodoret von Cyrus: Mönchsgeschichte, aus dem Griechischen übersetzt von Dr. Konstantin Gutberlet (Bibliothek der Kirchenväter 1. Reihe, 50), München 1926.

Sekundärliteratur

Angenendt 2000 = Angenendt, Arnold: Geschichte der Religiosität im Mittelalter, 2., überarbeitete Auflage, Darmstadt 2000.

Aspesi 2024 = Aspesi, Cara: Refrigerium, in: Brill Encyclopedia of Early Christianity, Bd. 5: Ori–She, hg. von David G. Hunter, Paul J. J. van Geest und Bert Jan Lietaerd Peerbolte, Leiden / Boston 2024, S. 646–652.

Assmann 1991 = Assmann, Jan: Stein und Zeit. Mensch und Gesellschaft im alten Ägypten, München 1991.

Barral i Altet 1985 = Barral i Altet, Xavier: Les mosaïques de pavement médiévales de Venise, Murano, Torcello, Paris 1985.

Barry 2007 = Barry, Fabio: Walking on Water. Cosmic Floors in Antiquity and the Middle Ages, in: The Art Bulletin 89, 4 (2007), S. 627–656.

Bepler / Härtel 1991 = Bepler, Jochen / Härtel, Helmar (Hg.): Mittelalterliche Handschriften der Dombibliothek in Hildesheim, Ausst.-Kat. Herzog August Bibliothek, Wolfenbüttel 1991.

Binding 2003 = Binding, Günther: Vom dreifachen Wert der Säule im frühen und hohen Mittelalter (Sitzungsberichte der Sächsischen Akademie der Wissenschaften zu Leipzig. Philosophische Klasse 138, 2), Stuttgart / Leipzig 2003.

Binding 2011 = Binding, Günther: Schwierigkeiten bei der Nutzung mittelalterlicher Schriftquellen für die Baugeschichte, dargestellt an den Begriffen *columna – pilarius*, in: Fritz Wagner / Clemens Zintzen (Hg.): Essays zu Mittelalter und Renaissance, Hildesheim / Zürich / New York 2011, S. 29–48.

Bloch 2010 = Bloch, Amy R.: Donatello's *Chellini Madonna*, Light, and Vision, in: John Shannon Hendrix / Charles H. Carman (Hg.): Renaissance Theories of Vision, London / New York 2010, S. 63–88.

Blumenberg 2011 [1997] = Blumenberg, Hans: Die Vollzähligkeit der Sterne, Frankfurt am Main 2011 [1997].

Boehm 1987 = Boehm, Gottfried: Bild und Zeit, in: Hannelore Paflik (Hg.): Das Phänomen Zeit in Kunst und Wissenschaft, Weinheim 1987, S. 1–24.

Böhme 2007 = Böhme, Hartmut: Koralle und Pfau, Schrift und Bild im *Wiener Dioskurides*, in: Philine Helas / Maren Polte / Claudia Rückert / Bettina Uppenkamp (Hg.): Bild/Geschichte. Festschrift für Horst Bredekamp, Berlin 2007, S. 57–72.

Bovini 1973 = Bovini, Giuseppe: Grado Paleocristiana, Bologna 1973.

Brandes 2021 = Brandes, Wolfram: Byzantine Predictions of the End of the World in 500, 1000, and 1492 AD, in: Hans-Christian Lehner (Hg.): The End(s) of Time(s). Apocalypticism, Messianism, and Utopianism through the Ages (Prognostication in History 6), Leiden / Boston 2021, S. 32–63.

Brown 1971 = Brown, Peter: The Rise and Function of the Holy Man in Late Antiquity, in: The Journal of Roman Studies 61 (1971), S. 80–101.

Büchsel 2014 = Büchsel, Martin: Theologie und Bildgenese. Modelle der Transformation antiker und frühchristlicher Vorlagen, in: Martin Büchsel / Herbert L. Kessler / Rebecca Müller (Hg.): The Atrium of San Marco in Venice. The Genesis and Medieval Reality of the Genesis Mosaics / Das Atrium von San Marco in Venedig. Die Genese der Genesismosaiken und ihre mittelalterliche Wirklichkeit (Neue Frankfurter Forschungen zur Kunst 15), Berlin 2014, S. 95–130.

Büchsel / Kessler / Müller 2014 = Martin Büchsel / Herbert L. Kessler / Rebecca Müller (Hg.): The Atrium of San Marco in Venice. The Genesis and Medieval Reality of the Genesis Mosaics / Das Atrium von San Marco in Venedig. Die Genese der Genesismosaiken und ihre mittelalterliche Wirklichkeit (Neue Frankfurter Forschungen zur Kunst 15), Berlin 2014.

Cohen 2014 = Cohen, Simona: Transformations of Time and Temporality in Medieval and Renaissance Art (Brill's Studies in Intellectual History 228, 6), Leiden / Boston 2014.

Corsi 1997 = Corsi, Giancarlo: Zeit, in: Claudio Baraldi / Giancarlo Corsi / Elena Esposito: GLU. Glossar zu Niklas Luhmanns Theorie sozialer Systeme, Frankfurt am Main 1997, S. 214–217.

Cutler / Spieser 1996 = Cutler, Anthony / Spieser, Jean-Michel: Das mittelalterliche Byzanz 725–1204 (Universum der Kunst 41), München 1996.

Czock / Rathmann-Lutz 2016a = Czock, Miriam / Rathmann-Lutz, Anja (Hg.): ZeitenWelten. Zur Verschränkung von Weltdeutung und Zeitwahrnehmung, 750–1350, Köln / Weimar / Wien 2016.

Czock / Rathmann-Lutz 2016b = Czock, Miriam / Rathmann-Lutz, Anja: ZeitenWelten – auf der Suche nach den Vorstellungen von Zeit im Mittelalter. Eine Einleitung, in: dies. (Hg.): ZeitenWelten. Zur Verschränkung von Weltdeutung und Zeitwahrnehmung, 750–1350, Köln / Weimar / Wien 2016, S. 9–37.

d'Alverny 1957 = d'Alverny, Marie-Thérèse: Les anges et les jours, in: Cahiers archéologiques 9 (1957), S. 271–300.

Dassmann 1998 = Dassmann, Ernst: Jonas (B II–IV), in: Reallexikon für Antike und Christentum, Bd. 18: Indien – Italia, hg. von Ernst Dassmann u. a., Stuttgart 1998, Sp. 678–689.

Delehaye 1923 = Delehaye, Hippolyte: Les saints stylites (Subsidia Hagiographica 14), Brüssel / Paris 1923.

Doran 1992 = Doran, Robert: Introduction, in: The Lives of Simeon Stylites, übersetzt von Robert Doran (Cistercian Studies Series 112), Kalamazoo 1992, S. 15–68.

Dresken-Weiland 2006 = Dresken-Weiland, Jutta: Vorstellungen von Tod und Jenseits in den frühchristlichen Grabinschriften des 3.–6. Jhs. in Rom, Italien und Afrika, in: Römische Quartalsschrift für christliche Altertumskunde und Kirchengeschichte 101, 3/4 (2006), S. 289–312.

Dresken-Weiland 2016 = Dresken-Weiland, Jutta: Schlafende und Träumende in der frühchristlichen Kunst, in: Römische Quartalsschrift für christliche Altertumskunde und Kirchengeschichte 111, 3/4 (2016), S. 204–223.

Eastmond 1999 = Eastmond, Antony: Body vs. Column. The Cults of St Symeon Stylites, in: Liz James (Hg.): Desire and Denial in Byzantium. Papers from the Thirty-first Spring Symposium of Byzantine Studies, University of Sussex, Brighton, March 1997 (Society for the Promotion of Byzantine Studies. Publications 6), Aldershot u. a. 1999, S. 87–100.

Elbern 1965 = Elbern, Victor H.: Eine frühbyzantinische Reliefdarstellung des älteren Symeon Stylites, in: Jahrbuch des Deutschen Archäologischen Instituts 80 (1965), S. 280–304.

Elias 2021 [1984] = Elias, Norbert: Über die Zeit, hg. von Michael Schröter, Berlin 2021 [1984].

Eming / Traulsen 2022 = Eming, Jutta / Traulsen, Johannes (Hg.): Ansynchronien. Formen verschränkter Zeit in der Vormoderne, unter Mitarbeit von Antonia Murath (Berliner Mittelalter- und Frühneuzeitforschung 27), Göttingen 2022.

Engel / Gallistl 2009 = Engel, Patricia / Gallistl, Bernhard: Die Reichenauer Handschriften der Dombibliothek Hildesheim und der Herzog August Bibliothek Wolfenbüttel im Vergleich, in: Wolfenbütteler Beiträge 15 (2009), S. 129–178.

Engemann 1998 = Engemann, Josef: Jonas (B V), in: Reallexikon für Antike und Christentum, Bd. 18: Indien–Italia, hg. von Ernst Dassmann u. a., Stuttgart 1998, Sp. 689–697.

Engemann 1993 = Engemann, Josef: Pfau (2. Ikonographie), in: Lexikon des Mittelalters, Bd. 6: Lukasbilder bis Plantagenêt, hg. von Robert-Henri Bautier u. a., München 1993, Sp. 2026–2027.

Ermak 2023 = Ermak, Elena: Почему Иона бодрствует? Интерпретация раннехристианского саркофага из Британского музея в современном искусствознании [= Why is Jona awake? An Interpretation of the Early Christian Sarcophagus from the British Museum in the Modern Art History], in: Вестник Православного Свято-Тихоновского гуманитарного университета [= St. Tikhons' University Review], Ser. V, Questions of History and Theory of Christian Art 51 (2023), S. 9–28.

Esposito 1998a = Esposito, Elena: Autopoiesis, in: Claudio Baraldi / Giancarlo Corsi / Elena Esposito: GLU. Glossar zu Niklas Luhmanns Theorie sozialer Systeme, Frankfurt am Main 1998, S. 29–32.

Esposito 1998b = Esposito, Elena: System / Umwelt, in: Claudio Baraldi / Giancarlo Corsi / Elena Esposito: GLU. Glossar zu Niklas Luhmanns Theorie sozialer Systeme, Frankfurt am Main 1998, S. 195–198.

Esposito 2007 = Esposito, Elena: Die Konstruktion der Zeit in der zeitlosen Gegenwart, in: Rechtsgeschichte 10 (2007), S. 27–36.

Fernández 1985 = Fernández, Romuald: Les représentations des Stylites, in: Studia Orientalia Christiana Collectanea 18 (1985), S. 115–151.

Fingernagel 1991 = Die illuminierten lateinischen Handschriften deutscher Provenienz der Staatsbibliothek Preussischer Kulturbesitz, Berlin. 8.–12. Jahrhundert, beschrieben von Andreas Fingernagel (Staatsbibliothek Preussischer Kulturbesitz. Kataloge der Handschriftenabteilung 3. Reihe: Illuminierte Handschriften 1), 2 Bde., Wiesbaden 1991.

Frankfurter 1990 = Frankfurter, David T. M.: Stylites and *Phallobates*. Pillar Religions in Late Antique Syria, in: Vigiliae Christianae 44, 2 (1990), S. 168–198.

Fuchs / Weikmann 1992 = Fuchs, Guido / Weikmann, Hans Martin: Das Exsultet. Geschichte, Theologie und Gestaltung der österlichen Lichtdanksagung, Regensburg 1992.

Gamper / Hühn 2020 = Gamper, Michael / Hühn, Helmut: Vorwort, in: Michael Gamper / Helmut Hühn / Steffen Richter (Hg.): Formen der Zeit. Ein Wörterbuch der ästhetischen Eigenzeiten (Ästhetische Eigenzeiten 16), Hannover 2020, S. 7–12.

Ganz 2016 = Ganz, David: Gelenkstellen von Bild und Schrift. Diptychen, Doppelseiten und Bucheinbände, in: David Ganz / Marius Rimmele (Hg.): Klappeffekte. Faltbare Bildträger in der Vormoderne (Bild + Bild 4), Berlin 2016, S. 55–108.

Ganz / Rimmele 2016 = Ganz, David / Rimmele, Marius (Hg.): Klappeffekte. Faltbare Bildträger in der Vormoderne (Bild + Bild 4), Berlin 2016.

Gerhards 2005 = Gerhards, Albert: Zeit / Zeitvorstellungen (VII. Liturgisch), in: Religion in Geschichte und Gegenwart Online (= 4. Aufl., Tübingen 2005), https://referenceworks.brill.com/display/ent ries/RGG4/COM-025442.xml (lizenzpflichtig; letzter Zugriff 08.09.2025).

Gioseffi 1980 = Gioseffi, Decio: I pavimenti musivi del vescovo Elia, in: Grado nella storia e nell'arte (Antichità Altoadriatiche 17, 2), Udine 1980, Bd. 2, S. 325–349.

Glass 1976 = Glass, Dorothy: Jonah in Campania. A Late Antique Revival, in: Commentari n. s. 27, 3/4 (1976), S. 179–193.

Grave 2014 = Grave, Johannes: Der Akt des Bildbetrachtens. Überlegungen zur rezeptionsästhetischen Temporalität des Bildes, in: Michael Gamper / Helmut Hühn (Hg.): Zeit der Darstellung. Ästhetische Eigenzeiten in Kunst, Literatur und Wissenschaft (Ästhetische Eigenzeiten 1), Hannover 2014, S. 51–72.

Grave 2016 = Grave, Johannes: Form, Struktur und Zeit. Bildliche Formkonstellationen und ihre rezeptionsästhetische Temporalität, in: Michael Gamper / Eva Geulen / Johannes Grave / Andreas Langenohl / Ralf Simon / Sabine Zubarik (Hg.): Zeiten der Form – Formen der Zeit (Ästhetische Eigenzeiten 2), Hannover 2016, S. 139–162.

Grave 2022 = Grave, Johannes: Bild und Zeit. Eine Theorie des Bildbetrachtens, München 2022.

Griffin 2022 = Griffin, Sarah M.: The Shape of Time. Aligning the Medieval Present with the Biblical Past in the Diagrams of Opicinus de Canistris (1296–ca. 1352), in: Armin Bergmeier / Andrew Griebeler (Hg.): Time and Presence in Art. Moments of Encounter (200–1600 CE) (Sense, Matter, and Medium 5), Berlin / Boston 2022, S. 71–90.

Gronau 2020 = Gronau, Barbara: Stillstand, in: Michael Gamper / Helmut Hühn / Steffen Richter (Hg.): Formen der Zeit. Ein Wörterbuch der ästhetischen Eigenzeiten (Ästhetische Eigenzeiten 16), Hannover 2020, S. 333–340.

Grünbart 2014 = Grünbart, Michael: Entlegene Orte. Mönche, Einsiedler, Heilige und ihr Publikum. Vortrag vom 07. Januar 2014, https://www.uni-muenster.de/Religion-und-Politik/audioundvideo/audio/2014/Audio_Vortrag_Saeulenheilige_Spaetantike.shtml (letzter Zugriff 19.03.2025).

Hahn 2024 = Hahn, Johannes: Stylites on Pillars versus Sanctuaries on Summits. The Conquest of Traditional Cult Sites by Christian Ascetics in Northern Syria, in: Sven Betjes / Olivier Hekster / Erika Manders (Hg.): Tradition and Power in the Roman Empire. Proceedings of the Fifteenth Workshop of The International Network Impact of Empire (Nijmegen, 18–20 May 2022) (Impact of Empire 50), Leiden 2024, S. 260–297.

Hamarneh / Marino 2021 = Hamarneh, Basema / Marino, Luigi: Le torri stilite del Vicino Oriente. La torre di Umm er Rasas in Giordania, in: Kermes 121 (2021), S. 59–67.

Han 2024 = Han, Jin H.: Jonah, in: Brill Encyclopedia of Early Christianity. Bd. 4: Isi–Ori, hg. von David G. Hunter / Paul J. J. van Geest / Bert Jan Lietaert Peerbolte, Leiden / Boston 2024, S. 120–124.

Harvey 1998 = Harvey, Susan Ashbrook: The Stylite's Liturgy. Ritual and Religious Identity in Late Antiquity, in: Journal of Early Christian Studies 6, 3 (1998), S. 523–539.

Hölscher 2020 = Hölscher, Lucian: Zeitgärten. Zeitfiguren in der Geschichte der Neuzeit, Göttingen 2020.

Howells 2015 = Howells, Daniel Thomas: A Catalogue of the Late Antique Gold Glass in the British Museum, London 2015.

Hübner 2024 = Hübner, Ulrich: Stylite / Stylitism, in: Brill Encyclopedia of Early Christianity. Bd. 6: She–Zos, hg. von David G. Hunter / Paul J. J. van Geest / Bert Jan Lietaert Peerbolte, Leiden / Boston 2024, S. 120–124.

Hunter-Crawley 2020 = Hunter-Crawley, Heather: Divinity Refracted. Extended Agency and the Cult of Symeon Stylites the Elder, in: Valentino Gasparini u. a. (Hg.): Lived Religion in the Ancient Mediterranean World. Approaching Religious Transformations from Archaeology, History and Classics, Berlin / Boston 2020, S. 261–286.

Hutter u. a. 2018 = Hutter, Manfred u. a.: Der Ungehorsam des Jonas, in: Frank Rumscheid / Sabine Schrenk / Kornelia Kressirer (Hg.): Göttliche Ungerechtigkeit? Strafen und Glaubensprüfungen als Themen antiker und frühchristlicher Kunst, Auss.-Kat. Bonn, Petersberg 2018, S. 292–315.

Intrigila u. a. 2024 = Intrigila, Claudio u. a.: HBIM for Conservation and Valorization of Structural Heritage. The Stylite Tower at Umm ar-Rasas, Jordan, in: Journal of Cultural Heritage 70 (2024), S. 397–407.

Irving 2024 = Irving, Andrew J. M.: Painted Pulpits. The Decoration of Pulpits in South Eastern Exultet Rolls, in: Albert Dietl / Elisa di Natale / Harald Buchinger (Hg.): Zwischen Rom und Mailand.

Liturgische Kircheneinrichtungen des Mittelalters in Italien (Forum Mittelalter Studien 21), Regensburg 2024, S. 173–204.

Jolly 1997 = Jolly, Penny Howell: Made in God's Image? Eve and Adam in the Genesis Mosaics at San Marco, Berkeley / Los Angeles / London 1997.

Jordan-Ruwe 1995 = Jordan-Ruwe, Martina: Das Säulenmonument. Zur Geschichte der erhöhten Aufstellung antiker Porträtstatuen (Asia Minor Studien 19), Bonn 1995.

Kahsnitz 1997 = Kahsnitz, Rainer: Coronas aureas in capite. Zum Allerheiligenbild des Reichenauer Kollektars in Hildesheim, in: Annelies Amberger u. a. (Hg.): per assiduum studium scientiae adipisci margaritam. Festgabe für Ursula Nilgen zum 65. Geburtstag, St. Ottilien 1997, S. 61–97.

Kelly 1996 = Kelly, Thomas Forrest: The Exultet in Southern Italy, New York / Oxford 1996.

Kessler 2014a = Kessler, Herbert L.: Introduction, in: Martin Büchsel / Herbert L. Kessler / Rebecca Müller (Hg.): The Atrium of San Marco in Venice. The Genesis and Medieval Reality of the Genesis Mosaics / Das Atrium von San Marco in Venedig. Die Genese der Genesismosaiken und ihre mittelalterliche Wirklichkeit (Neue Frankfurter Forschungen zur Kunst 15), Berlin 2014, S. 9–18.

Kessler 2014b = Kessler, Herbert L.: Thirteenth-Century Venetian Revisions of the Cotton Genesis Cycle, in: Martin Büchsel / Herbert L. Kessler / Rebecca Müller (Hg.): The Atrium of San Marco in Venice. The Genesis and Medieval Reality of the Genesis Mosaics / Das Atrium von San Marco in Venedig. Die Genese der Genesismosaiken und ihre mittelalterliche Wirklichkeit (Neue Frankfurter Forschungen zur Kunst 15), Berlin 2014, S. 75–94.

Kiening / Stercken 2018a = Kiening, Christian / Stercken, Martina (Hg.): Temporality and Mediality in Late Medieval and Early Modern Culture (Cursor Mundi 32), Turnhout 2018.

Kiening / Stercken 2018b = Kiening, Christian / Stercken, Martina: Introduction, in: dies. (Hg.): Temporality and Mediality in Late Medieval and Early Modern Culture (Cursor Mundi 32), Turnhout 2018, S. 1–14.

Klein 2004 = Klein, Holger A.: Byzanz, der Westen und das ‚wahre' Kreuz. Die Geschichte einer Reliquie und ihrer künstlerischen Fassung in Byzanz und im Abendland (Spätantike – Frühes Christentum – Byzanz. Kunst im ersten Jahrtausend. Reihe B: Studien und Perspektiven 17), Wiesbaden 2004.

Koselleck 2000 = Koselleck, Reinhart: Zeitschichten. Studien zur Historik, mit einem Beitrag von Hans-Georg Gadamer, Frankfurt am Main 2000.

Krause 2009 = Krause, Karin: Warum die Tage Flügel haben. Zur Antikenrezeption bei Personifikationen in Spätantike und Mittelalter, in: Νέα Ῥώμη 6 (2009), S. 103–126.

Krause 2014 = Krause, Karin: Die Inschriften der Genesismosaiken, in: Martin Büchsel / Herbert L. Kessler / Rebecca Müller (Hg.): The Atrium of San Marco in Venice. The Genesis and Medieval Reality of the Genesis Mosaics / Das Atrium von San Marco in Venedig. Die Genese der Genesismosaiken und ihre mittelalterliche Wirklichkeit (Neue Frankfurter Forschungen zur Kunst 15), Berlin 2014, S. 143–176.

Krueger 2015 = Krueger, Derek: Liturgical Time and Holy Reliquaries in Early Byzantium, in: Cynthia Hahn / Holger A. Klein (Hg.): Saints and Sacred Matter. The Cult of Relics in Byzantium and Beyond, Washington, D.C. 2015, S. 111–131.

Kubler 1982 [1962] = Kubler, George: Die Form der Zeit. Anmerkungen zu einer Geschichte der Dinge, Frankfurt am Main 1982 [1962].

Landes 1988 = Landes, Richard: Lest the Millennium be Fulfilled. Apocalyptic Expectations and the Pattern of Western Chronography 100–800 CE, in: Werner Verbecke / Daniel Verhelst / Andries Welkenhuysen (Hg.): The Use and Abuse of Eschatology in the Middle Ages (Mediaevalia Lovaniensia 1, 15), Leuven 1988, S. 137–211.

Lassus 1932 = Lassus, Jean: Images de Stylites, in: Bulletin d'études orientales 2, 1 (1932), S. 67–82.

Lawrence 1962 = Lawrence, Marion: Ships, Monsters and Jonah, in: American Journal of Archaeology 66, 3 (1962), S. 289–296.

Le Blant 1879 = Le Blant, Edmond: Les bas-reliefs des sarcophages chrétiens et les liturgies funéraires, in: Revue Archéologique n. s. 38 (1879), S. 223–241 und 276–292.

Leatherbury 2017 = Leatherbury, Sean V.: Picturing Prayers. The Iconography of the Wilshere Gold-Glasses, in: Susan Walker (Hg.): Saints and Salvation. The Wilshere Collection of Gold-Glass, Sarcophagi and Inscriptions from Rome and Southern Italy, Oxford 2017, S. 113–125.

Luhmann 1980 = Luhmann, Niklas: Gesellschaftsstruktur und Semantik. Studien zur Wissenssoziologie der modernen Gesellschaft, Bd. 1, Frankfurt am Main 1980.

Luhmann 1982 = Luhmann, Niklas: Autopoiesis, Handlung und kommunikative Verständigung, in: Zeitschrift für Soziologie 11, 4 (1982), S. 366–379.

Luhmann 1999 [1984] = Luhmann, Niklas: Soziale Systeme. Grundriß einer allgemeinen Theorie, Frankfurt am Main 1999 [1984].

Marchetti / Spampinato 2020 = Marchetti, Luca / Spampinato, Beatrice: Peltae subacquee e specchiature marmoree. La forma dell'acqua tra storia dell'arte e filosofia, in: Giovanni Argan / Maria Redealli / Alexandra Timona (Hg.): Taking and Denying. Challenging Canons in Arts and Philosophy (Quaderni di Venezia Arti 4), Venedig 2020, S. 53–75, http://doi.org/10.30687/978-88-6969-462-2/003 (letzter Zugriff 23.11.2025).

Markschies 2006 [1997] = Markschies, Christoph: Das antike Christentum. Frömmigkeit, Lebensformen, Institutionen, München 2006 [1997].

Markschies 2020 = Markschies, Christoph: Christliche Identitäten und die Synchronisierung der Zeit in der Antike, in: Berliner Theologische Zeitschrift 37 (2020), S. 83–118.

Mietke 2012 = Mietke, Gabriele: 63. Relief of a Stylite Saint, in: Helen C. Evans / Brandie Ratliff (Hg.): Byzantium and Islam. Age of Transition, 7th–9th Century, Ausst.-Kat. Metropolitan Museum of Art, New York, New Haven / London 2012, S. 96–97.

Mitius 1897 = Mitius, Otto: Jonas auf den Denkmälern des christlichen Altertums (Archäologische Studien zum christlichen Altertum und Mittelalter 4), Freiburg im Breisgau / Leipzig / Tübingen 1897.

Mohnhaupt 2000 = Mohnhaupt, Bernd: Beziehungsgeflechte. Typologische Kunst des Mittelalters (Vestigia Bibliae 22), Bern u. a. 2000.

Narkiss 1979 = Narkiss, Bezalel: The Sign of Jona, in: Gesta 18, 1 (1979), S. 63–76.

Neumann-Gorsolke 2012: Neumann-Gorsolke, Ute: Rizinus, in: WiBiLex. Das wissenschaftliche Bibellexikon im Internet, https://bibelwissenschaft.de/stichwort/33530 (letzter Zugriff 24.08.2025).

Nitzsche 1975 = Nitzsche, Jane Chance: The Genius Figure in Antiquity and the Middle Ages, New York / London 1975.

Orofino 2024 = Orofino, Giulia: Le immagini, in: dies. / Norberto Valli / Nicola Tangari: Exultet. Le immagini, la liturgia, il canto, Siena 2024, S. 7–116.

Orofino / Valli / Tangari 2024 = Exultet. Le immagini, la liturgia, il canto, Siena 2024.

Panofsky 1939 = Panofsky, Erwin: Studies in Iconology. Humanistic Themes in the Art of the Renaissance, New York 1939.

Parrish 1984 = Parrish, David: Season Mosaics of Roman North Africa, Rom 1984.

Parrish 1995 = Parrish, David: The Mosaic of Aion and the Seasons from Haïdra (Tunisia). An Interpretation of its Meaning and Importance, in: Antiquité Tardive 3 (1995), S. 167–191.

Paul u. a. 1968 = Paul, Jürgen / Redaktion des LCI: Jonas, in: Lexikon der christlichen Ikonographie. Bd. 2: Allgemeine Ikonographie. Fabelwesen–Kynokephalen, hg. von Engelbert Kirschbaum, Freiburg im Breisgau 1968, Sp. 414–421.

Peña / Castellana / Fernández 1975 = Peña, Ignace / Castellana, Pascal / Fernández, Romuald: Les Stylites syriens (Publications of the Studium Biblicum Franciscanum, Collectio minor 16), Mailand 1975.

Pochat 1996 = Pochat, Götz: Bild – Zeit. Zeitgestalt und Erzählstruktur in der bildenden Kunst von den Anfängen bis zur frühen Neuzeit (Ars viva 3), Köln / Weimar / Wien 1996.

Poeschke 2009 = Poeschke, Joachim: Mosaiken in Italien. 300–1300, München 2009.

Rathmann-Lutz 2016 = Rathmann-Lutz, Anja: Monastische Zeit – Höfische Zeit. Zeitregimes zwischen St.-Denis und kapetingischem Hof im 12. Jahrhundert, in: Miriam Czock / Anja Rathmann-Lutz (Hg.): ZeitenWelten. Zur Verschränkung von Weltdeutung und Zeitwahrnehmung, 750–1350, Köln / Weimar / Wien 2016, S. 235–251.

Reinert 2002 = Reinert, Benedikt: Askese, in: Lexikon des Mittelalters. Bd. 1: Aachen bis Bettelordenskirchen, hg. von Robert-Henri Bautier u. a., München 2002, Sp. 1112–1116.

Reudenbach 1980 = Reudenbach, Bruno: Säule und Apostel. Überlegungen zum Verhältnis von Architektur und architekturexegetischer Literatur im Mittelalter, in: Frühmittelalterliche Studien 14, 1 (1980), S. 310–351.

Reudenbach 1999 = Reudenbach, Bruno: Der Altar als Bildort. Das Flügelretabel und die liturgische Inszenierung des Kirchenjahres, in: Uwe M. Schneede (Hg.): Goldgrund und Himmelslicht. Die Kunst des Mittelalters in Hamburg, Auss.-Kat. Hamburger Kunsthalle, Hamburg 1999, S. 26–33.

Ricci 1914 = Ricci, Corrado: Appunti per la storia del mosaico, in: Bollettino d'arte del Ministero della Pubblica Istruzione 8, 9 (1914), S. 273–277.

Riede 2016 = Riede, Peter: Kürbis, in: WiBiLex. Das wissenschaftliche Bibellexikon im Internet, https://bibelwissenschaft.de/stichwort/200214 (letzter Zugriff 24.08.2025).

Rimmele 2018 = Rimmele, Marius: The Triptych and its Time Folds. Artistic Explorations around 1500, in: Christian Kiening / Martina Stercken (Hg.): Temporality and Mediality in Late Medieval and Early Modern Culture (Cursor Mundi 32), Turnhout 2018, S. 41–73.

Romanelli 1997 = Romanelli, Giandomenico (Hg.): Venedig. Kunst und Architektur, 2 Bde., Köln 1997.

Rosa 2005 = Rosa, Hartmut: Beschleunigung. Die Veränderung der Zeitstrukturen in der Moderne, Frankfurt am Main 2005.

Rosenau 1961 = Rosenau, Helen: The Jonah Sarcophagus in the British Museum, in: Journal of the British Archaeological Association, Ser. 3, 24, 1 (1961), S. 60–66.

Schachner 2010 = Schachner, Lukas Amadeus: The Archaeology of the Stylite, in: David M. Gwynn / Susanne Bangert (Hg.): Religious Diversity in Late Antiquity (Late Antique Archaeology 6), Leiden 2010, S. 329–397.

Schmitt 2016 = Schmitt, Jean-Claude: Les rythmes au Moyen Âge, Paris 2016.

Schneider 2000 = Schneider, Wolfgang Christian: Geschlossene Bücher – offene Bücher. Das Öffnen von Sinnräumen im Schließen der Codices, in: Historische Zeitschrift 271, 3 (2000), S. 561–592.

Schneider 2002 = Schneider, Wolfgang Christian: Die ‚Aufführung' von Bildern beim Wenden der Blätter in mittelalterlichen Codices. Zur performativen Dimension von Werken der Buchmalerei, in: Zeitschrift für Ästhetik und Allgemeine Kunstwissenschaft 47 (2002), S. 7–35.

Schneider 2009 = Schneider, Wolfgang Christian: Raum im Codex – Codex im Raum. Mittelalterliche Herrscher-Codices als virtuelle Interaktionsräume, in: Stephan Müller / Lieselotte E. Saurma-Jeltsch / Peter Strohschneider (Hg.): Codex und Raum (Wolfenbütteler Mittelalter-Studien 21), Wiesbaden 2009, S. 127–184.

Scirocco 2015 = Scirocco, Elisabetta: Jonah, the Whale and the Ambo. Image and Liturgy in Medieval Campania, in: Ivan Foletti / Zuzana Frantová (Hg.): The Antique Memory and the Middle Ages, Rom / Brno 2015, S. 87–123.

Shalem 2017 = Shalem, Avinoam: Treasures of the Sea: Art Before Craft. An Introduction / Tesoros del mar: ¿El arte antes de la destretza? Introducción, in: Espacio, Tiempo y Forma, Serie VII, 5 n. e. (2017), S. 15–34.

Shalem 2018 = Shalem, Avinoam: Resisting Time. On How Temporality Shaped Medieval Choice of Materials, in: Dan Karlholm / Keith Moxey (Hg.): Time in the History of Art. Temporality, Chronology, and Anachrony, New York 2018, S. 184–204.

Sichtermann 1992 = Sichtermann, Hellmut: Die mythologischen Sarkophage, Bd. 2: Apollon – Ares – Bellerophon – Daidalos – Endymion – Ganymed – Giganten – Grazien (Die antiken Sarkophagreliefs 12), Berlin 1992.

Sieroka 2024 = Sieroka, Norman: Zeit-Hören. Erfahrungen, Taktungen, Musik (Chronoi 12), Berlin / Boston 2024.

Speigl 1978 = Speigl, Jakob: Das Bildprogramm des Jonasmotivs in den Malereien der römischen Katakomben, in: Römische Quartalsschrift 73, 1/2 (1978), S. 1–15.

Stähli u. a. 1991 = Stähli, Marlis u. a.: Die Handschriften der Dombibliothek zu Hildesheim. Erster Teil: Hs 124a–Hs 698 (Mittelalterliche Handschriften in Niedersachsen 8), Wiesbaden 1991.

Stanton 2011 = Stanton, Anne Rudloff: Turning the Pages. Marginal Narratives and Devotional Practice in Gothic Prayerbooks, in: Sarah Blick / Laura Gelfand (Hg.): Push Me, Pull You. Bd. 1: Imaginative and Emotional Interaction in Late Medieval and Renaissance Art (Studies in Medieval and Reformation Traditions 156, 1), Leiden / Boston 2011, S. 75–121.

Steffen 1963 = Steffen, Uwe: Das Mysterium von Tod und Auferstehung. Formen und Wandlungen des Jona-Motivs, Göttingen 1963.

Steffen 1994 = Steffen, Uwe: Die Jona-Geschichte. Ihre Auslegung und Darstellung im Judentum, Christentum und Islam, Neukirchen-Vluyn 1994.

Stommel 1954 = Stommel, Eduard: Beiträge zur Ikonographie der konstantinischen Sarkophagplastik (Theophaneia 10), Bonn 1954.

Stuiber 1957 = Stuiber, Alfred: Refrigerium interim. Die Vorstellungen vom Zwischenzustand und die frühchristliche Grabeskunst (Theophaneia 11), Bonn 1957.

Suntrup 1978 = Suntrup, Rudolf: Die Bedeutung der liturgischen Gebärden und Bewegungen in lateinischen und deutschen Auslegungen des 9. bis 13. Jahrhunderts, München 1978.

Tavano 1974 = Tavano, Sergio: Mosaici di Grado, in: Atti del III congresso nazionale di archeologia cristiana (Antichità Altoadriatiche VI), Triest 1974, S. 167–199.

Tavano 1984 = Tavano, Sergio: Führer durch Grado. Geschichte und Kunst, Udine 1984.

Tchalenko 2019 [1976] = Tchalenko, Georges: Notes on the Sanctuary of St. Symeon Stylites at Qal'at Sim'ān, hg. von Emma Loosley Leeming / John Tchalenko (Texts and Studies in Eastern Christianity 12), Leiden / Boston 2019 [Typoskript 1976].

Theissing 1987 = Theissing, Heinrich: Die Zeit im Bild, Darmstadt 1987.

Thunø 2021 = Thunø, Erik: After Antiquity. Renewing the Past or Celebrating the Present? Early Medieval Apse Mosaics in Rome, in: Gregor Kalas / Ann van Dijk (Hg.): Urban Developments in Late Antique and Medieval Rome. Revising the Narrative of Renewal (Social Worlds of Late Antiquity and the Early Middle Ages 9), Amsterdam 2021, S. 177–204.

Tikkanen 1891 = Tikkanen, Johan Jakob: Die Genesismosaiken von S. Marco in Venedig und ihr Verhältniss zu den Miniaturen in der Cottonbibel, nebst einer Untersuchung über den Ursprung der mittelalterlichen Genesisdarstellung, besonders in der byzantinischen und italienischen Kunst (Acta Societatis Scientiarum Fennicae / Suomen Tiedeseura 17, 7), Helsingfors 1891.

Tschilingirov 1982 = Tschilingirov, Assen: Eine byzantinische Goldschmiedewerkstatt des
7. Jahrhunderts, in: Arne Effenberger (Hg.): Metallkunst von der Spätantike bis zum
ausgehenden Mittelalter. Wissenschaftliche Konferenz anläßlich der Ausstellung „Spätantike
und frühbyzantinische Silbergefäße aus der Staatlichen Ermitage Leningrad". Schloss Köpenick,
20. und 21. März 1979 (Schriften der Frühchristlich-byzantinischen Sammlung 1), Berlin 1982,
S. 76–89.

Tumanov 2017 = Tumanov, Rostislav: Das Kopenhagener Stundenbuch. Bildprogramm und Layout im
Kontext spätmittelalterlicher Lektüre- und Andachtspraktiken (Sensus 9), Köln / Weimar /
Wien 2017.

van Eikels 2020 = van Eikels, Kai: Synchronisierung, (A-)Synchronizität; Simultaneität, in: Michael
Gamper / Helmut Hühn / Steffen Richter (Hg.): Formen der Zeit. Ein Wörterbuch der
ästhetischen Eigenzeiten (Ästhetische Eigenzeiten 16), Hannover 2020, S. 349–357.

Vikan 1994 = Vikan, Gary: Two Unpublished Pilgrim Tokens in the Benaki Museum and the Group to
Which They Belong, in: ΘΥΜΙΑΜΑ στπ μνήμη της Λασκαρίνας Μπούρα (= Thumiama à
la mémoire de Laskarina Boura), Athen 1994, S. 341–346.

Vio 2001 = Vio, Ettore (Hg.): San Marco. Geschichte, Kunst und Kultur, München 2001.

Virilio 1998 = Virilio, Paul: Rasender Stillstand, Frankfurt am Main 1998.

von Erffa 1989 = von Erffa, Hans Martin: Ikonologie der Genesis. Die christlichen Bildthemen aus dem
Alten Testament und ihre Quellen, 2 Bde., München 1989.

Wagner 2015 = Wagner, Daniela: Gegenwart und Zukunft. Die Endzeit und ihre Zuschauer in den
Fünfzehn Zeichen vor dem Jüngsten Gericht, in: Beate Fricke / Urte Krass (Hg.): The Public in the
Picture. Involving the Beholder in Antique, Islamic, Byzantine, Western Medieval and
Renaissance Art, Berlin / Zürich 2015, S. 171–188.

Wagner 2019 = Wagner, Daniela: Zeit und Zeitlichkeit in bildlichen Darstellungen der Fünfzehn
Zeichen vor dem Jüngsten Gericht, in: Susanne Ehrich / Andrea Worm (Hg.): Geschichte vom
Ende her denken. Endzeitentwürfe und ihre Historisierung im Mittelalter (Forum Mittelalter
Studien 15), Regensburg 2019, S. 361–376.

Wagner 2021 = Wagner, Daniela: Die Zeit im Blick. Zur bildkünstlerischen Sichtbarmachung von
Zukunft im späten Mittelalter, in: Klaus Oschema / Bernd Schneidmüller (Hg.): Zukunft im
Mittelalter. Zeitkonzepte und Planungsstrategien (Vorträge und Forschungen 90), Ostfildern
2021, S. 165–183.

Walker 2017 = Walker, Susan: Honouring the Dead in Late Antique Rome, in: Susan Walker (Hg.):
Saints and Salvation. The Wilshere Collection of Gold-Glass, Sarcophagi and Inscriptions from
Rome and Southern Italy, Oxford 2017, S. 73–90.

Walker 2018 = Walker, Susan: Gold-Glass in Late Antiquity, in: Robin M. Jensen / Mark D. Ellison (Hg.):
The Routledge Handbook of Early Christian Art, London / New York 2018, S. 124–140.

Weis 1982 = Weis, Adolf: „… diese lächerliche Kürbisfrage …". Christlicher Humanismus in Dürers
Hieronymusbild, in: Zeitschrift für Kunstgeschichte 45, 2 (1982), S. 195–201.

Weitzmann / Kessler 1986 = Weitzmann, Kurt / Kessler, Herbert L.: The Cotton Genesis. British Library
Codex Cotton Otho B.VI (The Illustrations of the Septuagint 1: Genesis; Princeton Monographs in
Art and Archaeology 45), Princeton, NJ 1986.

Weltzien 2018 = Weltzien, Friedrich: Sensation des Umblätterns. Anmerkungen zur Performanz von
Bildgeschichten, in: Boris Roman Gibhardt / Johannes Grave (Hg.): Schrift im Bild.
Rezeptionsästhetische Perspektiven auf Text-Bild-Relationen in den Künsten (Ästhetische
Eigenzeiten 10), Hannover 2018, S. 129–152.

Winterer 2009 = Winterer, Christoph: Das Fuldaer Sakramentar in Göttingen. Benediktinische Observanz und römische Liturgie (Studien zur internationalen Architektur- und Kunstgeschichte 70), Petersberg 2009.

Wischmeyer 1981 = Wischmeyer, Wolfgang: Das Beispiel Jonas. Zur kirchengeschichtlichen Bedeutung von Denkmälern frühchristlicher Grabeskunst zwischen Theologie und Frömmigkeit, in: Zeitschrift für Kirchengeschichte 92, 2 (1981), S. 161–179.

Wittekind 2013 = Wittekind, Susanne: Orte der Zeit – Form, Funktion und Kontext von Kalenderbildern im Mittelalter, in: Thierry Greub (Hg.): Das Bild der Jahreszeiten im Wandel der Kulturen und Zeiten (Morphomata 7), München 2013, S. 201–228.

Worm 2021 = Worm, Andrea: Geschichte und Weltordnung. Graphische Modelle von Zeit und Raum in Universalchroniken vor 1500, Berlin 2021.

Zchomelidse 2014 = Zchomelidse, Nino: Art, Ritual, and Civic Identity in Medieval Southern Italy, University Park, Penn. 2014.

Zettler 2001 = Zettler, Alfons: Offerenteninschriften auf den frühchristlichen Mosaikfußböden Venetiens und Istriens (Ergänzungsbände zum Reallexikon der Germanischen Altertumskunde 26), Berlin / New York 2001.

Register

In dieser Reihe sind bisher folgende Bände erschienen:

Band 2
Detel, Wolfgang. *Subjektive und objektive Zeit: Aristoteles und die moderne Zeit-Theorie.*
Berlin/Boston: De Gruyter, 2021.

Band 3
Singer, P. N. *Time for the Ancients: Measurement, Theory, Experience.* Berlin/Boston:
De Gruyter, 2022.

Band 4
Gertzen, Thomas L. *Aber die Zeit fürchtet die Pyramiden: Die Wissenschaften vom Alten
Orient und die zeitliche Dimension von Kulturgeschichte.* Berlin/Boston: De Gruyter, 2022.

Band 6
Zachhuber, Johannes. *Time and Soul: From Aristotle to St. Augustine.* Berlin/Boston:
De Gruyter, 2022.

Band 7
Golitsis, Pantelis. *Damascius' Philosophy of Time.* Berlin/Boston: De Gruyter, 2023.

Band 8
Defaux, Olivier. *La Table des rois: Contribution à l'histoire textuelle des ›Tables faciles‹ de
Ptolémée.* Berlin/Boston: De Gruyter, 2023.

Band 9
Fischer, Julia (Hrsg.). *Zwiegespräche über die Zeit: Dialoge in der Berlin-
Brandenburgischen Akademie der Wissenschaften aus Anlass des sechzigsten Geburtstags
von Christoph Markschies.* Berlin/Boston: De Gruyter, 2024.

Band 10
Walter, Anke (Hrsg.). *The Temporality of Festivals: Approaches to Festive Time in Ancient
Babylon, Greece, Rome, and Medieval China.* Berlin/Boston: De Gruyter, 2024.

Band 11
Ben-Sasson, Menahem. *Time and Revelation in the Vision of Daniel from the
St. Petersburg Collection.* Berlin/Boston: De Gruyter, 2026.

Band 12
Sieroka, Norman. *Zeit-Hören: Erfahrungen, Taktungen, Musik.* Berlin/Boston:
De Gruyter, 2024.

Band 13

Birk, Ralph/Coulon, Laurent (Hrsg.). *The Thebaid in Times of Crisis: Revolt and Response in Ptolemaic Egypt*. Berlin/Boston: De Gruyter, 2025.

Band 14

Pallavidini, Marta. *(A)synchronic (Re)actions: Crises and Their Perception in Hittite History*. Berlin/Boston: De Gruyter, 2025.

Band 15

Nosch, Marie-Louise Bech. *Time and Textiles in Ancient Greece*. Berlin/Boston: De Gruyter, 2025.

Band 16

Klinger, Jörg. *Das Erfassen von Zeit im Kontext der Vergangenheit*. Berlin/Boston: De Gruyter, 2026.

Band 17

Zachhuber, Johannes. *Time and History in Denis Pétau. Philosophy, Science, and Religion in Early Modern France*. Berlin/Boston: De Gruyter, 2026.

Band 18

Ossendrijver, Mathieu. *Conceptions of Cyclicity in Babylonian and Greco-Roman Scholarship*. Berlin/Boston: De Gruyter, 2025.

Band 19

Schumacher, Lydia. *From Eternal to Everlasting: God and Time in Franciscan Thought*. Berlin/Boston: De Gruyter, 2026.

Band 20

Wiedemann, Felix. *The Modern Hammurapi: An Old Babylonian King in Imperial Germany*. Berlin/Boston: De Gruyter, 2026.

Band 21

Niehoff, Maren R./Markschies, Christoph (Hrsg.). *Aspects of Time in Jewish and Christian Exegesis*. Berlin/Boston: De Gruyter, 2026.

Band 22

Korobili, Giouli/Miller, Kassandra/van der Eijk, Philip (Hrsg.). *Synchronizing the Body in Ancient Medicine and Philosophy*. Berlin/Boston: De Gruyter, 2026.

Band 23

Kraft, András. *Time in Byzantine Apocalyptica*. Berlin/Boston: De Gruyter, 2026.